中南财经政法大学诗人诗选

山湖集

〖2021 年卷〗

总编　杨灿明

主编　王键　阿毛

WUHAN
PUBLISHING HOUSE
武汉出版社

目录 / Contents

陈波来

本名陈波，贵州湄潭人，中南政法学院（今中南财经政法大学）法学专业96级专升本成教生，20世纪80年代中期始发诗作和译作，1987年底迁居海南至今，现为执业律师。辍笔十多年后于2014年起重习写诗，作品见于《诗刊》等近百种境内外公开发行的报刊、年选和专集。已出版诗集《碎：1985—1995》《不得碎》《陈波来短诗选（汉英对照）》及散文诗集《山海间》。系第16届全国散文诗笔会代表、鲁迅文学院新时代诗歌高研班学员，曾获第三届海南省南海文艺奖、第39届世界诗人大会（印度）汉语诗歌三等奖、《现代青年》2017年度十佳诗人等。系中国作协会员、海南省文学院首批签约诗人。

又见恒河

许多慢，在动荡和流逝中
如水中细沙，仅仅因为
回溯与张望而得以凸显和放大
恒河似乎一直在等我
以那天的绵长与阔远、那天的缓慢与浑浊
河水拍打卵石、驳船和岸
一瞬间，我听出那蜿蜒深入的声响
覆盖了我骨头暗中的斫裂，以及全部的
回溯路上的鸟鸣和脚步

加尔各答上空的乌鸦

乌鸦张开翅羽
加尔各答飘满黑色碎纸屑
闷浊的叫声，撞击
高架桥下赶路的人
旧消息一定写满那些黑色碎纸屑
包括种种不祥：犹疑，趋避，遗忘
乌鸦盘旋，掠过高高的穹顶
与穿城而过的胡格利河……直到出海口
乌鸦带着有过的金碧辉煌
像一个人带着他的国籍与表达的口音
天空分外拥挤，这里是加尔各答
乌鸦张开翅羽
一个人在心里啊啊叫出了声

谒科纳拉克太阳神庙[1]

从大海中驶来，苏利耶的战车
无声地奔向内陆腹地
二十四个巨轮和七匹骏马
无数应声而碎的晨昏
每一条通往人世的道路车声辚辚
还要承载多少的阳光、使命与仰视
似乎是真的，石头
被赋予万物之形也赋予
繁殖与生命以不朽之形，但石头都锈了
此刻落日西斜，我除了歌唱
只能听任一滴露水敛尽
所有的马蹄与轰鸣

有阳光的地方就有神灵
太阳升起，神灵要么匿迹要么显身
苏利耶，或他，或你

印度的狗

神的土地，狗不会成为砧板上的肉
它们游荡在印度，在乡野、街头和寺庙门口
像天上的鹰隼和星子一样自在
闹市里一只狗神气活现地摊张身体
在行人匆匆的脚步边入睡
多么憩意的睡眠啊

1　印度太阳神庙外形为太阳神苏利耶的战车。

它醒来，像从一座花园来到另一座花园
它打个哈欠，伸展一下自己
像某个恍惚走失的人
重新变成一只回家的狗

西贡堤岸

这发黑且僵滞的河水
如何会有那一发不可收的
春潮涌动

那在掀动的薄裙里线条慌乱的胴体
那有点小心眼的豆蔻，那高涨的情欲中
想攫住些什么的苍白战栗的手

但这发黑且僵滞的河水
如何配称那波光流转的回眸
他们的，也是时间的

等一场连天的雨吧，河翻水涨
你将是我要找的流水、木桥和码头
而我，是你阔别的情人

湄公河三角洲

小船从密织的丛林中找出河道

我们要去哪里
时光布置出柳暗花明的
码头与果园，时光倾注于一个正午
船工指点水椰子的热情明显减弱
水椰子残余的断干杵向空中
切口保持锋利，像极了
战争时期的尖竹陷阱
我们能去哪里
燠热的不只是丛林里的风
越在一个谜中深入，越有
无以自拔的虚幻
细方格子围巾，还有南方游击队
……船头描画的鱼眼或龙眼
阻吓的仅仅是水里的食人鳄
我们不由自主地身体前倾，一种
低伏和警惕的姿势
手指已经扣住假想的扳机
这动人心弦的一切突被欢叫声打破
原来同船的几个小年轻
并非干掉了一伙敌人，而是发现
迎面垂挂的火龙果

韩国味道

面团包着的鲜桃子
可以睡到冬天才醒来
桑树灰烬是用来呵护鲜茄子的
一册《饮食知味方》
几百年了，仍旧保鲜

一百四十六种食物，和一位
贞夫人忙碌而聪慧的影子
我想想，其实是舌尖上
鲜活的酸辣二味
就让我在心里长久地安放
一个木槿花开的国度

韩式泡菜

雪天，一碟火红的辣白菜
于箸下撕扯，如春雷低鸣

窗外，游子的路了无踪影
只有雪天泠泠，尚未沉喑

摩纳哥记事

砌在砖石里的教堂
有多么周折的甬道，就有多么
被抑制到冰凉的欲望
小电影翻晒情色和阳光
属于那时的胴体
飞洒的唇印，流转的波光
我们是否也把激情
留在一出戏里，是否也被
探寻的眼睛意外发现

最禁闭之地，又是
最欢情的原野……那时不见
飞鸟与云朵，我们就是
飞鸟与云朵……砖石
砌入战栗的体味
圆形穹顶高大庄严
星星重回天宇

摩纳哥印象

蜂蜜色皮肤的摩纳哥
黑头发的摩纳哥

鸟翅一样弹动的舌头
薄薄的处女红唇

随地平线消失的马群
宽恕和悔罪呢喃有声的教堂

眯缝着眼睛的摩纳哥
眼睛里蓝褐交织的摩纳哥

卡萨布兰卡夜市

夜市嘈杂，歌声明亮
我因此耽留，一杯咖啡时间

在北非，在卡萨布兰卡

我因此迷醉于阿拉伯的幽怨
与婉转，但海峡对岸的安达卢西亚
一把火热吉他上的明快撩拨，拽我

想飞，想在地摊歌手沙哑的歌声里
展开暗藏的翅羽，我已
飘飞过人头攒动的广场夜市

不，我屡屡欠身，掏出最后的硬币
小摊上，一枚暗红的仙人掌果
被剥开，好多我可能忽略的小刺

通向马拉喀什的路

他们用扫拨的吉他和快节奏
给我们一条通向马拉喀什的路

但我抵达的马拉喀什，精美的花园
与蓝色阶梯，和近似帝王般的簇拥

那些深入的转捩无常的巷道
与真实的遭遇，与放学的小学女生

在拱形土门边的合影，那几朵
从黄尘扑扑的马拉喀什绽开的小花

他们再次说起那繁喧的花园与夜市

都与戛然而止的琴弦有关

听格纳瓦

用地上所有的声音
盛放粗实的格布里琴
羊肠线铺向河岸和山脊

只有苍老而有力的手才能拨动
只有虔诚而迷醉的心
才能送出风一般的低啸

给游荡于人世的神灵听
——那些有可能走错路的神灵
像飘起的红头巾，像草叶呢喃

演奏者摇晃着长袍里的身体
扣紧指头的铜铙更明快地摇晃

撒哈拉的雨

像泪水，扫过焦灼的脸庞
生活需要坦然与抬头，没有堆叠的余地
葵花插满人世的每个角落
代替脸庞向上。阳光。充满生机
也像飞扬的沙粒，从那巨大

无边的沙漠急遽而来
天阴。黑云乱卷。盘缠的绿头巾散落
忧郁的眼神更加迷离。只有
逆旅之人，明亮地走在风的侧面

撒哈拉的月亮

硕大无比的月亮升起来
脱尘出俗，孤独，月华清朗
白日里躁动起伏的红色沙丘已经静谧无声
连同龌龊的热汗淋漓的肉身，坠入无边暗影
银色有着暧昧的抚慰：高处的檐角
花园里棚架植物的枝蔓，带铁条装饰的小方窗
以及一颗无以安睡的旅人的心
万物皆已模糊，静谧得可以听见
夜枭的咕咕叫声、隔壁房客的梦中喃喃
还有辽阔的撒哈拉沙漠里
沙与沙之间细细的小小的磨砺之声

李鸿鹄

毕业于中南政法学院（今中南财经政法大学）法律系，曾任广东省高级人民法院高级法官，现为广东连越律师事务所创始合伙人。著有诗集《想暖暖而已》《美丽的河》等。

时间的密件

我的心生长着一片遮天蔽日的森林
鸟儿从这里飞进飞出，太阳
照耀它们的羽毛。变幻莫测的气候
契合着天色。每次，鸟儿啄走一片枯叶
就啄走我一个静谧的秋天
冷雪融入了阳光，成为时间的密件
青春为了探索而迁徙到了别处
只留下曲折的小路，像一个巨大的问号
横亘于蓝天与无垠的黑土之间
因为迷路，我曾不止一次
在叶子的面前失语，徘徊不前
候鸟忘记了季节，它们穿过天空时
没有赠予我一根能飞的羽毛
我知道你仍在途中
就像外表清冷孤傲的蒲公英的飞翔
风打着哑语把树木吹得苍翠
经过太阳的身子，布满了光的精美刻文

为一本孤独的书盖一所房子

一个人在静静地看书，旁若无人
这世界本来就没有人，只有我一只野生动物
风吹来了，风是孤独的
树枝孤零零的，但它有无限的风光
没有比现在更美了。尽管这本书是孤独的
它将孤独终老，寂寞地度过我的一生

书中的每一个字都是我的孩子
在有风的日子
我以前所未有的空虚抱紧它们
它们是我独一无二的孩子
是我体内的远方
我爱它们，我要为它们盖一所房子
冬季供暖，夏季送凉
我跟它们一起成长，灵魂可以轻如鸿毛
来自尘土，也归于尘土
甚至希望不要遗传跟我同一基因的骨头
我唯期望它们
拥有仅属于它们自己的思想与追求
正如现在，我与它们是寂静的，也归于寂静
在冬天，我会越来越感到欢欣
万紫千红没有了，生命不再争奇斗艳
树木、花朵，山川与河流
将因我内心的地壳运动，移出我简陋的身体
我一败再败，一伤再伤，满眼含泪
我跪在白雪的面前悔罪
向你们交出我全部的纯洁和无耻的贪婪
让软弱的骨头对爱和善更虔诚
我一个人读这本孤独的书
什么也没有发生，我重新回到空空的枝头
把书中与自己性格相似的字捡出来
播种于与世无争的隙缝
让它们活得更像它们自己，而我在风中
慢慢发黄，融入如愿以偿的黄昏
我甘愿这样的寂静
接受时间流逝留下的遗址
从此求得圆满——我只求一种孤独无援的美

时光不能穿越我的年龄

我也顺流而下。河岸沉默
怀念一条沉没过无数黑夜的河流
白夜赤裸，在行人的脸上找到了安静
影子与马在沙漠中跋涉异乡
而你，沐浴着虔诚的雨
在敏感的泪水中躲开众人分辨风的方向
命运的暗门如向我绽放的玫瑰
我没有向它表白，倚门看一束细小的光
艰难地爬过石头回到了时间的真理
我没有任何不可泄露的秘密
正如时光永远不能穿越我斑驳的年龄
世界是多么的抽象啊
现在，我在生命的沼泽地里耕耘词语
不在荒凉的月亮上种树
不向寂寥的天空撒网捕捉星星

眼睛无法占有的世界

他有忠诚的对象：光、水和无足轻重的尘埃
额头因为岁月的发育而渐渐隆起
埋藏着思想或者其他的金属物质
他试图用一种庄重的颜色，粉饰自己
奢侈、豪华，让周围的一切显得不那么的真实
可生命是简单的，或许简单折叠着复杂
一杯咖啡，和一双眼睛对视
毛玻璃的眼镜，以模糊的方式磨合即将分离的语言

全部的历史暴露在光中，出生、民族、住所和经历
而细小的尘埃，搅糊了整个世界
这是一个彻头彻尾的偶然，正如
无声的句子因为停电而使意识集体遗失
在雾气笼罩的时间里，他找回了心脏和失踪的头发
心脏完好如初，只是头发已经花白
他突然好像想起了什么，然后低头叹息
潮水退去，勇者击水返回
告诉他更遥远的地方，生长着不知名的事物
他在镜子里找到了相对直观的现象
此时，海水袭来填满了他的空虚
在黑暗中，生命微光闪耀
对于眼睛无法占有的世界，心可以占有
源于发光的尘埃已返回原始的事物
他独立于水面，与独裁的庇护者分道扬镳

有月光的地方不适宜收割

面对天空一张空虚无度的网
森林，大地的头发
把一双明亮的眼睛覆盖
世界并不像我这么寂寞
除了钟声和色彩斑斓的叶子
还有流水的声音
而作为一片尚未诞生的雪
我蛰伏在蝴蝶的梦里
北风比你来的时候紧了一些
江水瘦了很多，但清澈明亮
鸟儿从它的上面飞过

它们都看到自己自由的翅膀
而我却没有
这个冬天，黑夜尚未打开白昼
果实却与树枝无声诀别
因此，有月光的地方不适宜收割

从最漆黑的一点慢慢出发

从最漆黑的一点慢慢出发
这是我最初的出发点和落脚点
你从远方撑着一船的歌声慷慨而来
两只手，在迷雾中像两片
摇晃不定的小帆。在航道的深处
我如森林倒影的平静
水面如一块巨大的玻璃栈道
光在上面滑行，如同无数的滑雪人
从空虚的尖叫声中一闪而过
此刻，光接纳了所有——
我的错误，我的青春
还有我微博上你看不见的爱情
我是如此的细小，被光
映照得比麦穗还要饱满与通透
这是我最初的出发点与落脚点
当黑夜再次降临，我如饥似渴的眼睛
便拥有了一束自我更新的光芒

我所知一块巨石的性格缺陷

戴上黑夜手铐的各路神灵
对黎明前的一块巨石熟视无睹
只有我对它心生崇高的敬意
比生命更冒险的
是自由熄灭了，灯还在黑暗中摸索
今夜，闭上眼睛
穿梭于时间的开始和尽头
我梦见巨石用坚硬的疯狂
忠于一只不死火鸟的心
因为我所知性格的缺陷
不免会被谎言所囚
在通往抱朴守真的路上
我难以成为伟大思想的见证人
因此巨石的沉默也是我的沉默

源于一张明信片的回忆

只有在深夜熟睡的时候
你的城市才像一个婴儿
百叶窗紧闭，幽幽的睫毛
隔着江汉平原的目光
樱花泛起的红晕
将成为梧桐树的漫天飞絮
装在帆布袋里的黄昏
越来越接近我暗黄的肤色
在蛇山与龟山牵手的地方

高雅的谈吐与咖啡混为一体
玫瑰保持矜持的恬静
落叶与苔藓安于低处
见过时间的人见过枯枝
月光摁灭了星星
我猛然想起冬季的阳光
更像一片片雪花
夜里，手上的一本书
被一盏明朗的灯快乐地供奉着
没有人敞开心扉给我写信
裸露她木纹的爱情
从一张明信片中念及你
我的心如同无人涉足教堂的空虚

远方飞来一只萤火虫

星星从喉咙涌入。我与一只迷失方向的鸟儿
在昏暗的地方相遇
枯枝败叶的巢落满了星光的阴影
你或许看见了我——
一个偃旗息鼓在洞穴里的人
夜沿着我手掌的纹路款款而行
清凉的额头
埋伏着山川的壮美与静默
树木随风吟唱
昭示它的存在与忠诚
我们与世间的万物难以割舍
在彼此道出名字后，又默然分离
远行者怀揣着指南针走自己的道路

我身旁的陌生人
却对举世无双的残月恋恋不舍
他们用寂寞把自己点燃
像烧一根没有退路的香烟
我没有绝好的伪装，远方飞来一只萤火虫
把我漆黑的身体照得通体透明

在一条河流的深处

贴着这座城市的墙壁走，青砖斑驳迷离
夜在她的身上寻找光芒
而我以淳朴、腼腆和感恩的心
在一树的樱花寻找诗歌
江滩的泥土弥漫着她芬芳的气息
我深爱着——她的泪水、芦苇花和敌人我都爱
在时间的源头，江水早已流经我
并使我完整，因此，我什么都不曾流失

为追赶隐形人，我一直在披风奔跑

当世界以怪兽的面目出现
时间因此失眠。太阳
因为一道彩虹的回归喜极而泣
山丘潜伏在河流上
就像我所认识的每一个人
他们的影子

因为青春而拥有随意迁徙的自由
匿名的橡树，把粗糙的根
扎入了我的骨骼，如今盘根错节
一切都无可泄露。三月的梨花已在你的眼睛开过
果实寂寥，风猛烈地吹麦穗的旌旗
但我身体内部的谜团，不适合迎风招展
为追赶那个心中的隐形人
多少年来，我一直在披风奔跑

有时候我会怀念武汉的一场雪

四季的衣衫渐变颜色
而你夜幕下的霓虹依然唯美
只是月亮瘦了
瘦成了我剩下对江汉路满地月光的思念
把天空之城还给一只候鸟吧
今夜，我要打开身体，等待一场暖雪的到来

始于未熟的果实

夏天的雨落在我干涸的嘴唇
风，穿过了丰收的人群
辽阔的天空，一把闪光的镰刀
凝视着春天种下的庄稼
因为长时间的坚守，跟兄弟们一样
我充血的眼睛，盈满了胀痛的泪水

刘 静

中南财经大学（今中南财经政法大学）商经系 83 级本科，87 级硕士研究生。1990 年毕业后进入湖北省某专业进出口公司工作，后下海经商至今。其间，做过外贸、国际船务、股权投资等。大学期间是学校“开拓文学社”成员，曾代表学校参加武汉市大学生诗歌大奖赛并获奖。

雨过珠海

七月的南方
天空更低
云朵贴着鸟的翅膀
一路疾走

暴雨更快地来临
像沉默中酝酿已久的序曲
雨点一一划过
蓝色的海面
和那巨大的珠贝的穹顶
从高音到低音

放开缰绳
雨飘向对岸
那座曾经的孤岛
已从混沌中醒来
如一朵白莲花
在雨中轻绽
神色安详

从天空到地面
雨的坠落
像奔赴一场伟大的爱情
它奋不顾身地跃入这块
苦难的土地
化作她怀中一条甜蜜的河流

关于母亲

谁知道她柔软的身躯
是怎样滚过砂砾和荆棘的
多少年不舍昼夜
火烈鸟　白眉鸥和羚羊
啄食她日渐干涸的乳汁
直到啄出血来也不肯离去

夜里她经过的每一个地方
都在白天成为一条牛奶之路

关于神

人们傍河居　依河眠
劳作　喜乐　生长和死亡
他们学着造物
造低处的房屋
高处的宫殿
还有各种神在头顶俯视众生

而她不断地退向低处
越是低处越是辽阔
只有同样辽阔的天空
读懂她的神性
那无声的母爱的悲悯

攻击者

她从不用一种攻击方式
她的智慧是虚拟的

比如她用坚冰锁住巨鲸
用一个小小的水洼
诱捕蚊蝇和走兽

而对企图锁住她的藩篱呢
那些高砌的堤岸　石墙和
铰链紧锁的铁门

此时　她是一个沉默的攻击者
以一种源源不断的平静的力量
吞没了一切所经之地
她的攻击没有选择
也没有呼啸的巨响

在愤怒之后
她吐出肥沃的土地
也吐出一具具新鲜的白骨

王劲松

中南财经大学(今中南财经政法大学)84级学生,曾任学校“开拓文学社”社刊《开拓》的总编辑。现从事培训行业,国家二级心理咨询师。大学毕业后到海南闯荡15年,亲历各地港口装货,熟知码头文化。2003年来京,曾为青少年做专职心理辅导。做过多年央媒记者。

初恋的味道

那年的雪下得很大
足有三尺厚

雪落的声音
像月光奏鸣曲的前序
一波一波
缓缓流淌
那一定是女神的纤手
在晶莹的雪花上掠过
心旌摇动
却不敢惊动

走在街角
奇迹出现
那个在教室熄灯后总是秉烛夜读的少女
从雪线上飘然而至

我坚信她看懂了我的眼神
那只丘比特之箭
已经向她明媚的双眸
发射过无数电波

我确信她也回看了我
很多次
晚自习后
洗碗池间
擦肩而过的瞬间
那不经意的一瞥
胜过美言无数

加上大学里写就一封发烫的信

堂吉诃德的风车会倒下
黛玉的书稿会焚毁
现实归现实
理想归理想
纯真的
依然纯真

加　油

雨后昏沉的傍晚
开车去加油

总相信老大哥加油站
因为它傲踞城市中心
周边灯火辉煌
比起那些灰暗的老鼠仓加油站
总能让人放心

抬枪
插入
一切都合规
诡异的是
30 升的空间，却加了 60 升的油

油枪
显示器

以及电脑背后的所有数据
全程录像
总是缺失关键的细节
所有的设计都是套路
只是想让老大哥看着你
愤怒总会让人头脑发昏
恨不得借鲁提辖的拳头
行侠仗义

活着
还得忍受
该放下的要放下
仰望上天吧
康德说那里有灿烂的星空
可我思考道德法则的时候
感到内心还有些许恐惧

鸟儿起舞

女儿刚写就一首钢琴小调
鸟儿起舞
小鸟在天空中自由飞翔
天空上有彩虹
美丽彩虹
她的曲子
正如她起舞的人生
像天鹅
在湖中无拘无束

自画像

一直想为自己画像
总没实施
因为我知道
真诚的自己很丑陋

梵高是何等的有勇气
竟然把割耳的画像
在世人面前
呈现

然而
他不知道
爱情并不都是真心的
虚情假意更容易获得芳心

你看
天下多少美女命运多舛
并不是她们天生喜欢被骗
只是诱惑太多
花言巧语令她们欢心
当你把真诚割下
给她们展示
她们肯定会被吓走

孤傲
自然要生命承受
总有一些日子
需要自我放逐
狂风大浪中

谱写的交响
让生命不朽

漂泊的荷兰人
代表瓦格纳的
灵魂之歌
那是超人
在海上漫步独行

程　峰

网名程大爷，湖北赤壁人。经济学硕士、中国首批执业证券分析师、财经评论家、旅行摄影家、诗人。

出版了《股票技术分析实战傻瓜书》《投机智慧》《假如炒股是一场修行》《假如炒股是一场恋爱》《假如炒股是一场荒野求生》《假如炒股是一场真人秀》《程大爷的朋友圈》《看不见的部分》等三十多部作品。

从 2015 年起开辟财经评论专栏“程大爷论市”，已成为《证券时报》旗下“券商中国”的名牌专栏。2018 年开始在广东电台股市广播（FM95.3）开启《程大爷论市广播版》，深受听众喜爱。

2020 年开始与《21 世纪经济报道》合作推出《程大爷的 A 股必修课》系列视频在线课程，风靡网络，成为国内财商教育的大热课程。

大学时代是湖北高校诗坛的活跃分子。其作品《深山人家》曾被中央人民广播电台制作成配乐诗朗诵推向全国。曾获 1987 年湖北省高校“一二·九”诗歌大赛创作一等奖、武汉地区高校“五·四”诗赛创作一等奖等多项诗歌奖项。在《飞天》《散文》《羊城晚报》《南方日报》《广州日报》等报纸杂志发表过诗歌与散文作品。有诗歌作品入选《中国年度优秀诗歌 2020 卷》《中国当代大学生诗选》《中国高校优秀文学作品赏析（诗歌卷）》。

现供职于华泰证券，兼暨南大学管理学院硕士研究生导师、中南财经政法大学新闻评论研究中心研究员。

立春仪式

我以为雨会缺席
事实上它们是最早踏上旅途的来宾
它们整晚都在敲我的窗玻璃
可惜这群雨都太羞涩，下手太轻
没有把我从梦中敲醒
早晨起来发现它们在房前屋后
在窗台边，在台阶上
席地或坐，或卧，或站立
露出星夜兼程的疲态

而街对面的火焰木按捺不住
提前好多天就开了
它越过窗户走近我
献上出浴后的清爽与甜美
没人知道为这一刻它准备了多久

街道被雨水扫得干干净净
但是仍然空无一人
一只灰鸟
努力打破这令人窒息的安静
排练了整个早晨的独角戏
它鸣叫，跳跃，不停地摇动花枝
将火红色的花瓣铺了一地
然后优雅地降落在
这空荡而干净的街道上

我亲眼目睹了春天的开始：
一只灰鸟吹着口哨
昂首挺胸从红毯上走过

好像它才是春天的最佳主角

千里羊

一生只走两趟路：
500 里走完前半生
500 里走完后半生

一生只有两季：
冬季和
夏季

一生只做两件事：
低头吃草
抬头赶路

一生只到过两个地方：
冬牧场和
夏牧场

一生只认两个人：
亲人和
主人

一生只住过两个房间：
母亲的子宫和
食客的胃

阳台上的花

楼下老是有路人驻足望向我
我心想有什么好看的
望的人多了
我也忍不住探出身望向楼下

这才发现养在阳台上的长春花
不知道什么时候开花了
她们一齐越过栅栏的缝隙
把俏脸朝向楼下
没想到我每天费尽心血浇水施肥
它们开花了
却正眼都不瞧我

反倒是
跟我非亲非故的楼上
他们家养的三角梅
把最明媚的一枝花送到我的头顶
似乎是想替世界
给我送来一点补偿

看落日

在 ICU 病房待了多长时间
那个气息奄奄的老人
并不知道

有很久很久没有看见过落日
假如生命就此终结
还有什么遗憾的话
落日就是他一生来不及画圆的一个句号
来人间一趟不容易
他多想好好看一次落日

好心的医生推着他去做 CT
在路上突然看见落日余晖从眼前闪过
他急忙唤醒沉睡中的老人
用手指着落日的方向说
快看，那就是你想要的
春天里的落日
老人略微抬起头
用手搭凉棚望着天际
不知为何，他看见的落日
竟然泪光闪闪

出门遇雨

雷暴把上午九点的城市重新摁回黑夜
雨伞流动，闪烁 LED 广告屏上的霓虹
汽车的远光灯被雨线切割成栅栏
将高楼与青山隔离
在白天之外
雨刮不停驱赶车玻璃上的闪电和雷声
不厌其烦地发出丝丝声响
像是断断续续的呜咽
数不清的枯叶与嫩叶从头顶上纵身跳下

它们离开枝头的决绝之心
无人可以挽留

花母狗和她的孩子们

阿勇山庄的花母狗又下崽了
这次下了九只
比去年的第一窝狗崽要少一只
那一窝死掉了两只
其余的都卖掉了，每只一百元
补贴了山庄寡淡的生意
我问阿勇孩子们都被卖掉了
花母狗是否会伤心
阿勇说不会
母狗喂狗崽一个月奶
等它们自己会吃饭了就不会再理
狗没有亲情

阿勇带我去山后的柴堆里
看花母狗下的第二窝小狗崽
那是一群呆萌的小家伙
有着黄白相间的花纹
动作缓慢但眼珠子转得飞快
冲着我吠个不停
分不清是兴奋还是害怕

一个月后我再去阿勇山庄
想去给那一窝可爱的狗崽拍照
阿勇说狗崽被卖掉了，每只还是一百元

有个客人一次买走了八只
仅剩下一只
长得瘦弱无人愿意买它

我看见那只花母狗趴在墙角晒太阳
神情木讷，望着大门口一动不动
仿佛一位老母亲困惑于
出去打工了的儿女们为何杳无音信
那只可怜的小狗偎依着她
仿佛一个生活不能自理的孩子

在别人的微信里看见故乡的春天

在朋友圈
有一条河从小视频中流了出来
故乡的陆水河，一如既往地保持沉默
此刻，她收纳了天空中所有的云霞
如此眼熟，河堤上的柳树发芽了
飘散着长发和蝴蝶结
风在梳理水里的倒影和波纹
跟去年一模一样，河滩上的紫云英
零零星星开着花
乡里人都叫它们红花草，卑贱的野草
又一次把花朵举过头顶，来取悦
过路的蜜蜂，如果没有
油菜花铺陈出金色披肩，对岸的虎山
绝无可能展开眉宇间的树木
出落成花样美男
可惜，没看见牛群吃草

没听见山雀子唱歌
分享小视频的人自顾自讲解：
这里是从腊里山到柳山的河堤
乡亲们都待在家里
所以人烟稀少，花红柳绿的美景啊
仿佛春天捐赠的礼物摆满了河岸
却只有我一人
前来领取

白色火焰

白色的植物也有鲜艳的野心
她们从山谷往上爬
把绿色的山坡撕开一条条白色通道
整个四月
每一次开车穿越群山
看见这倔强的纯白之色
不分昼夜，一步一步爬上山顶
越过山梁
直到完全占领大山的阳面与阴面
仿佛一群白色的精灵在行军

这是怎样的一种植物
是树木的花朵还是新叶？
是白色的蔷薇喘着粗气？
是昨夜的星辰在人间跋涉？
我无从辨识

但她们的气场大到足够榨干我的想象

我臣服于这美的谜语
甘愿把她们当作白色火焰
用来点燃暮春

五月的第四天

这是春天的暮年，以及
夏天的婴儿期

该灿烂的都灿烂了
该凋零的正在凋零
时序只管演绎花草树木
登台与谢幕
上帝之手早已编好了程序

不时有小白球偏离球道
飞得像青春一样
无迹可寻

被藤蔓覆盖的小溪

我跟天上的白云一样
好奇之心飘忽不定

水声潺潺之处
未见任何流水的影子

侧耳静听，分明有手指在拨动琴弦
有声音啄破厚重的僻静
俯身探视，除了藤蔓、灌木以及野花
竟然一无所获

但溪水确定是在流淌
它没有向天空裸露自己
并因此赢得了好名声
它一定纯净、清凉、甘甜
来自岩石的深处
是捧在大山手心的一个秘密
因为涉世未深而一尘不染

我想象它急于下山的样子
活泼、生动、跳跃
在石头的缝隙中左顾右盼
带着盲目的乐观奔赴
不可预知的夏天
最终汇入某条平静的河流
成为几朵浊浪
成为大海的不速之客
或者，成为雨水重返山中
噙在树叶和花瓣的眼里

藤蔓遮盖了我们
命运中未知的部分
却无法覆盖宿命的结尾

对此，我跟白云一样
心知肚明

倒骑毛驴

动车开动之后才发现
座椅是反方向
我背对前方
以 155 公里的时速奔向深圳
我想到了阿凡提

这让我得以看清
眼前所有的事物
是以何种方式与速度抛弃了我们
山脉，湖泊，楼宇，落日，炊烟
没有一样东西可以容我挽留
多么高速的流逝啊

而当我们面向前方，看见的却是
远方以及远方的远方
绵绵不绝地奔来
这样会产生一个错觉：
世界永远在前方恭候大驾
我们误以为有挥霍不尽的未来

倒骑毛驴与面向前方所看见的风景
哪一种才是真实的人生？

帮父亲下载天气预报 APP

捧着新的华为手机，父亲说

这感觉真好
从此足不出户
整个世界的风雨都在掌握
正如当年，一株稻穗在指间摇晃
秋天的收成就了然于胸

看天吃饭的年代
父亲是村里的种田能手
播种，下肥，除虫，薅草……
最佳农时都需要他来一一确认
父亲看重天气预报
就像大厨看重盐

然而，那个年代的广播电台
只能说到武汉或者长沙刮风下雨
数百里之外的腊里山
阴晴冷暖要凭经验来推测

早就不种庄稼了
却时时关心着气候
腊里山的即时天气想看就看
是我成功说服父亲
把老人机换成智能手机的最大理由

选好一款天气预报 APP
父亲目不转睛地看我下载
当屏幕上显示出腊里山今天的最高与最低气温
父亲笑得像个孩子

再不用等桐树开花才知道可以下种
再不用听完武汉或者长沙的天气预报后
又去夜观星象，辨析风速

再不用为苦旱无雨不知哪天到头而辗转反侧
再也不用依靠关节的疼痛来感知
一场降温正在赶来的路上

可以选择五个城市放在首页
父亲说北京，广州，武汉，赤壁都有自己的亲人
那里的世态炎凉最让他惦记
我一一搜寻，添加

还可以再添加一个城市
父亲想了想
说，把台北加上吧
虽然从没去过
但那里的风云变幻总让他操心

一根木头

站着的时候是树
倒下来是一根无用的木头
经历剥皮掏心之痛
重新站起来
是一根指路的立柱

多像一个人
死过一次之后
才活成自己想要的样子

羚牛的眼神

它在凝视
目光拨开丛林的缝隙
准确地射向我们伫立的方向
薄雾像泼墨，涂抹不掉偷窥者的好奇
我们的目光过于急切，想要捕捉
灵魂出窍的火花
赶在第一缕晨曦下山之前

羚牛停下脚步
头顶纠结的短角
脚踏世袭领地
它的警觉将整片山坡拖入沉默
溪流从上到下，压低了哗啦的嗓音
灌木掏出仅剩的浆果
小心翼翼地挤出多余的露水
甚至，羚牛嘴边的青草，也忍住了摇曳

我终于读懂了羚牛眼中
那淡淡的挑衅：
作为一群不速之客
人类啊
难道不该奉上应有的敬畏之心？

冯　雪

中南财经大学（今中南财经政法大学）商经系84级学生，现供职于广州银行总行风险管理部。广东金融作协会员。

看见阿多尼斯

山够宽广，树木鳞次栉比
微风就能吹得哗哗作响
不代表不寂寞

一半长在地下，一半在风中招摇
可以共沾雨露
终其一生不会同沐一缕阳光

飞鸟衔来李杜
滋润一片葱茏
悬崖就不那么可怕

枯枝总被雨打风吹去
负氧离子倔强地长了根
独坐未必孤独，直到看见阿多尼斯

数字说

产值、销售、利润
孩子们做的算术
人人都能得满分

收入、支出、结余
主妇们都有本铁账
也能做到不差毫厘

流动比、速动比、市盈率
教授们讲得云里雾里
摸鱼人总能找到门径

血压、血脂、血糖
不过是几个无趣的数字
却成了众生难逃的劫难

在美丽乡村感受现代

久居都市
自以为很现代
春节一场美丽乡村游
有些颠覆认知
和小朋友在 VR 影院
让心电图和过山车一样飘忽
遥远的星空伸手可及
浩瀚的海洋不再神秘
地震瞬间惊心动魄
冲突现场近在眼前
恐龙也不再遥不可及
乡村与城市的差距似乎在缩小
人们越来越喜欢寄情山水
也许事出有因

翠屏山念想

鸡鸣寺的樱花开满了心崖
玄武湖的水面挤满了笑脸
此时已莺飞草长
我爱的人们已经在路上

莺飞草长的一定不只时节
温润的校园一定不只生长爱情
神秘的书山在光速生长
我的翠屏山念想也在悄悄生长

王　键

中南财经大学（今中南财经政法大学）法学学士，北京师范大学经济学硕士。20世纪80年代始以笔名楚石发表诗歌作品，后中断写作，2010年重新执笔，诗歌作品散见《诗刊》《上海文学》《星星》《诗歌月刊》《汉诗》《象形》等书刊，入选多种诗歌年选和其他诗歌选本。现居北京。

密闭或敞开

硕大的原木，带着
密闭的时间
它们在海上行走
走入这片海边的滩涂

那些白色的垃圾袋遮住了它们疲惫的面庞

雨后的天空，升高了很多
我漫步到这片海滩，大片的
阳光像是从天外倾泻下来
这片荒滩顿时温暖和明亮起来

大海、沙滩和成堆的原木之上
是一个打开的空间，突然飞入的
树状海鸥群在叫唤，它们把声音
放到了最大，似乎要让那些
看不见海的人也能听到

我让鞋子敞开，光脚走在沙滩上
我走入水里，海水分开，露出
底部的泥泞和道路

我进入，位于底部，闪电的家乡

星期六

周一至周五，像五幕话剧
展开不同的故事，但总有一个
看不见的主题将它们串联在一起
在同样的时间里，上帝为我们预备了
天空，陆地与海洋，植物与动物

而今天才是高潮，创造日的高潮
人们离开工厂和办公室，涌入街道
和商店，购买一些有用和无用的物品
咖啡馆里坐满了人，他们在热聊生意、
爱情和某些公共话题，这是他们的人生
当然，也有安静的读书人，
远离中心，一个人坐在一个角落里。

这是伟大的一天，尽管到处
都是些乏味甚至是讨厌的人
但是在今天，我们成为馈赠与
重负的故事主角，上帝已将我们
置于风暴之中，置于永不停息的
河流之中。

路边的白鹤花

清晨里的白鹤花，她们的香气
比月光里的更幽深

她们低头躬身，仿佛在进行一场晨祷
早起奔跑的人们、路边滚过的尘埃
都不能扰乱她们的词

她们知道：肃杀的秋风已经在阳光下
亮出了它明晃晃的刀子

夏日白色的闪电和风暴，她们已经认识过了
她们也认出了自己：那些在绿色停机坪上
的白色小飞机

我想起了露易丝·格吕克的鸢尾花
它们也曾在晨光中专心祷告——
是为了受难的命运
还是为了一次伟大的飞翔？

我在这秋日的冷峻里听见了
飞机引擎的轰鸣

今年，北方秋天多雨

秋天一旦开始
就像有人一页页念着长稿子

树叶随着词语一起落下

雨，一场接着一场，它们比孤独
更有力量。河水不断地升高，秋天却
在雨水中不断低了下去，秋天的浓妆

也一天天淡了

诗人，总得写下点什么：那无力的
和有力的。但诗歌里有太多的废话
修辞，是一碗发甜的糖浆
它让受苦的心灵产生幻象

舞台上，花旦和青衣的唱腔索然
亦如这逐渐衰弱的鸟叫虫鸣

而此时，巷子里突然响起一阵
收破烂儿的叫喊声，一下子就
打破了这秋雨的孤独和颓废。

春　茶

被水洗礼，春天
献出她最精华的部分
那尖锐的绿
让我们眼睛明亮

那未熟的、怀抱着早春的白霜
它们在水中展开、站立，带着
羞怯，仿佛一个初入世的
女孩，正从喧嚣的人群
走向舞台的中央

喝下这绿色风暴，生涩中的
苦味，让舌头警醒：

虚空转过身去，是谁
在水中向我们歌唱？

永远的拿铁

你钟情于这一杯
闻起来像
甘草堆中的
生铁

喝下一片香草绿的天空
将驱蚊草种于马场
让日光下的群马
冲出围栏

让空着的马厩
重新响起：

打铁的“叮当”声

填　空

我们一生要填
很多的空
小时候，老师告诉我们
空里有些什么

我们用不同色彩的笔去填满它们
慢慢地，我们长大了，不再用笔填空
我们用身体用身体的各个器官填空——
用手用脚用眼睛用嘴巴……
我们不仅用汗水还用血去填空
我们喜欢上填空，但也发现那些空
总也填不完填不满
有时候，那个空就是一个大坑
我们整个人都掉进去爬不上来
我知道，我们这个爱好
是因为我们身体里有个空洞
直到有一天，你的出现
一下子填满了我们身体里的洞
我们也戒掉了填空的爱好
不再填它

在三星堆遗址

文明都在坑里。我静立，面对
在山里挖玉的古蜀人
眼见他们将玉石磨成刀剑

但他们说，玉带来和平，玉不
杀生。那能照见人心的璧玉
有着冷静的思想。

大立族人放下农具的时间，便
学习飞行，他们渴望像鸟，
在天空里睡觉和生孩子

他们拜山，敬树，将青铜举在头顶，
群星飞向他们的山歌和祷词。

二　月

在这里，春天扎下帐篷
我在空气中，搓着冻红的手
我将红的嘴露给
空气

街道空寂，如此宽阔
我们可以躺下
以任意的姿势

在星辰中，你闭上眼
自夜的深处，自尼罗河上
搜寻漂泊的睡婴[1]

城市，无人；舌头，空荡
一杯酒，泡在春节里
无人喝你

1　据《圣经·出埃及记》记载，在以色列人在埃及为奴期间，为防止以色列民族强盛，埃及法老命令杀死所有以色列男婴。带领以色列人逃离埃及的王子摩西其实也是以色列人，他刚出生就被父母放在一个木箱里，遗弃在尼罗河中，后来被法老的女儿拾得并带入宫中养大，成为埃及王子。

诗

诗越写越短，话越来越少
这是年老的馈赠吗？
不，生活曾多次教导我：
语言不过是生活的一件衣服！

六月的断章

“我就在
你深处，
战斗的
忧伤”
——策兰《夜之断章·言语之间》

生雷，卡在
风暴的喉头——
它有失声之痛
诗神，还在午睡
我在汗水中失去
睡眠
操场的踱步、无尽的死循环
燥热的风自身后吹
沿着墙根，穿制服放学的少年
再次把身体
缩进围墙
六月，在啤酒里醒着
失去的梦在酒杯之上

堆起一朵蘑菇云
那云里的闪电
正穿过你的嘴
穿过这多爱的季节——
我们已失去得太多！

在无人的马场，群马沉默
我寻找抱着马脖子跟它一起哭泣的人！[1]

失　眠

睡眠，在半路，
像走失的情人
或孩子
他们，每天向你呼唤
自某个深海
自时间的
孟婆汤

长短波

长波，短波
从跳动的心房里
泵出

1　尼采曾经在大街上看见马夫用马鞭子抽打马匹，他便跑过去抱着马脖子哭。

你可以拨出电话
打给足够远的——
甚至，太阳系外的一个
被流放的
行星

但你的流量仅够
送去一棵树的
消息
送去在人群里你独自
流下的
眼泪——

那无声的。

冰糖橘

这甜蜜的，来自
冰与火的洗礼

剥开她
你见到：

坐在宝座上
待嫁的
新娘

跳房子

方格子棋盘
我们在里面进出

你占领每一间房子
你记下——
你是房子的主人
我们是房子的主人

我们跳房子
我们手拉着手

你用左脚
我用右脚
我们用两只脚

一
起
跳

在时间的渊面
在交替
变化的
黑白砖上

江　柳[1]

天空的头发
重新长出
它们轻泻，
于日光里
召唤
无情的人

一些
绿色的梦
摇醒
一座单孔桥——张望
之眼

你从水中
找出
参孙的长发[2]

1　苏东坡被贬黄州时有诗云："十日春寒不出门，不知江柳已摇村。"

2　《圣经·士师记》记载，大力士参孙是古代以色列民族的士师，多次凭借神力打败非利士人。但他的力量来自耶和华，如果剃掉他的头发，耶和华便会离开他，他就同常人无异。非利士人知道后便剃掉他的头发，将他抓获并剜去双眼。在监狱中，参孙的头发又长了出来，他重新获得了力量。他用双手将非利士人一栋大厦的两根柱子推倒。大厦坍塌，参孙同房子里的非利士人同归于尽。

有关大雁塔的语言学

当年，韩东在大雁塔上
竖起一根手指
向着天空

韩东的所指
只是当年玄奘的一座
藏经阁
一个砖结构的七层
塔楼
它跟一个取经人有关
跟印度的一只从天上
坠落的大雁
有关

而他的能指部分只是
一根手指
但是，一根手指
能指什么呢

我要歌唱

我蜷缩在时代的贝壳中
仿佛回到母腹
喂养我的千年海水
越来越苦

越来越咸

黑暗深处的低泣
来自冬天的哑雷

沉默的人啊，请你
开口说话
请你张嘴，像鱼儿一样
呼吸

海马是千年的竖琴
它刚刚找回了弓箭的身份
我要骑上它回家

我被闪电击中
我被光和盐喂养
我生下的黑色的词
自深海底部升起、升高

我要歌唱，我终将
歌唱。

白鸽子广场

白色，有时比太阳亮一点
尤其在灰暗的中午，鸽群

成排地站立在楼顶，它们
有十三种观察人类的方式

七日已经过去，我们在第八日

那是爸爸妈妈们创造的星期八

这是漫长的一日，我们在
机场附近散步，目睹飞来飞去
的事物，那些用翅膀创造的高度让人称奇

收翅的白鸽子，就在脚边啄食地上
的米粒，人类撒下米粒
替代神，大地干净
白茫茫一片

但总有更扎心的瞬间，比如
我突然瞥见在一阵惊慌起飞中
蹒跚扑向妈妈怀抱里的孩子

关于冬日里的一场谈话

我们围着一壶茶坐下
就像围着炉火而坐
窗外没有雪

话题在公共和私人之间跳跃
话题的公共部分，气氛热烈、兴奋
但我们谈论的都是些糟糕的事情
多多先生向我们摊着双手：
“在崔健的《一无所有》之后，我们
还有什么？”

我心虚地指着窗外：
“还有雪……”
话题转入私人部分时则显得艰涩、
沉默，时断时续

只有诗歌进入时
房间里开始显得明亮
每个人的脸上都有了晴朗之色
家新兄开始说起俄罗斯白银时代的诗人
多多先生则谈起保罗·策兰那永恒的名字

黄昏临近
茶水的味道越来越淡了
像这房间里逐渐变暗的光线
时光巨大的身影正向我们碾压过来
我们也在沉默中起身
进入城市的丛林，去
寻找一个安身之所——

因为多多先生又要搬家了
在春天来临前的二月

凛　冬

被迫停歇的工地，它的颓垣之色，被
雪完全覆盖。
一个巨大的脚手架，远在群楼之上
耸立在空荡荡的天空——
它是这个城市唯一剩下的十字架

它舒展的身影来自
刚刚放下城市的沉重肉身
而在远处，有三三两两的年轻人
在雪后冷寂的阳光中
一次次从冰封的后海上
滑行、起飞——
他们的身体很轻，轻过
低空中飞过的一架无人侦察机

春天里的冬日诗

整个冬天我都在写诗
写我的“凛冬”系列——

为北方严酷的冬天
为带火的尘埃
为那些举在寒风中，
一个接一个的空空的鸟巢
（它们在空旷的华北平原上多么醒目！）

还为那些在风雪之夜中踉跄前行的人们
他们呼出的热气甚至都化不开一粒积雪！

平原上的黑电线杆，它们静默无声，正向
黑暗深处的人们输送光明
它们像梦中的黑衣人，在平地里
拉起电线，在冬日天空里画下
大地心跳的曲线。而秘密在于
有看不见的天使在电线间来回跳跃

我不能不爱这样的冬天，即使是
愤怒和悲怆也不能减少
我的爱。

今天，我驱车奔驰在京津之间。
在高速公路的两边，早开的杏花
正东一处西一处地从荒芜中升起：
白的晃眼，粉的羞怯
就像这个不真实的季节。而在
公路旁边，我却看见成排枯黄的芦苇，
它们低头顺服了季节的秩序，但它们
挺立的腰身又在传递着一种
不屈的气息……

哦，春天真的来了
我已听见诗人们欢欣的吟唱。

时间的密码

时间的密码藏在光中
藏在一扇门的一开一合之间

它有更多的隐身之处：
骨骼的缝隙、奔跑的血和
走动的步履

甚至，一颗泪珠也是时间受孕后
结下的胚胎 那些
喜悦的战栗和激动就发生在

生命的诞生之后

而老去则是每时每刻都在
发生的事 死去
也是

生和死是一对生死的兄弟

昨天我在纸上写下一些诗行
今天我又将它们擦去——
我羞于将那些无力的吟唱示人！

而时间，它正用密集的针脚在大地上缝上
来自天上的密语……

阿　毛

中南财经大学(今中南财经政法大学)毕业。做过宣传干事、文学编辑，2003年转为专业创作。中国作家协会会员，武汉市文联专业作家，一级作家。

主要作品有诗集《我的时光俪歌》《变奏》《阿毛诗选》(汉英对照)《像怀抱》，散文集《影像的火车》《石头的激情》《苹果的法则》，中短篇小说集《杯上的苹果》，长篇小说《谁带我回家》《在爱中永生》，阿毛文集(四卷本：阿毛诗选《玻璃器皿》《看这里》，阿毛散文选《风在镜中》，阿毛中短篇小说选《女人像波浪》)等近20部。作品入选多种文集、年鉴及读本。曾获多项诗歌奖。部分作品被译介到国外。

武汉的剑与诗

惠东的白沙洲
和一座山在一起

渔船在海面来回
太阳在山顶西沉

预约的海上栈道写生
只有鸥鸟驻足

我在阳台上
望着外面的木棉和朱蕉

工地上的电钻声
和机车路过时的摇滚乐

击打着我的武汉神经——
我的武汉一直在下雨

江心的白沙洲没有渡船
无人去寻
当年你插的剑我写的诗

治愈我

你们听不到我哭

走廊里
虹吸现象
吞噬一把空置的

椅
和口罩下面的呼声

所有
速朽的
或永存的

来治愈我

让他们在我的怀里
重新出生
重新命名

例外鸟

如果鸟，如果鸟是人
它必定是爱唱爱跳的
那一类人

先是一个，后是两个
再后是一群

而我只是站在窗口
或树梢上张望的人

没有为清晨或黄昏
准备动听的歌唱或颂词

我只是安静地看你们几眼
然后默默地自己飞

无题诗的标题

人民聚集在广场上
像蚂蚁聚集在树桩上

——你的喊声被屏蔽

暮鹊垂下的脑袋
挨近水流的地平线

我走了很长的路
需要停下来
倒一倒鞋里的沙子

宽慰睡去的晚星和醒来的晨露
错过的眼睛
与灵魂中的薄弱物质
喃喃祈求
“早夭者的转世与复活”

遇到此诗时
请像编者常做的那样——
以首句

作为无题诗的标题

天下所有的洞

无非是陈仓暗度
无非是藏龙卧虎

无非是雄雌同居
红尘与寺庙

无非是凸与凹、显与藏
呼与吸、进与出

无非是沟壑与山峰
地河走游船，乳石敲编钟

无非是冬暖夏凉
甘露矿物仙风迷雾

洞中物，亦是天上仙
封住洞口，就是大墓

山中寺居

每天早晨
他在半山腰舞剑

她在寺廊下写诗

他的刀剑与她的纸笔
隔着寺院的白塔和经筒

每天上午
他们在山间漫步
遇到的僧人都顶着
落满花瓣的斗篷与托钵

傍晚他们会去山下
但不垂钓不撒网
只是安静地观鱼群
在天空潜水

街道口回忆录

仍然有小鸟飞到窗前
唱

我起身擦玻璃窗的
雾气

不断有风吹叶卷之声
落进不停走着的壁钟

确定的早餐时间
鸣响十点

还没煮熟的稀饭沸水
熄灭了过期的长寿面

“去年此时，你在哪?
做什么？”

不知疲倦的时钟
不会回忆它记录过的任何事物

冬日公园读诗

今天我够着了
天上的白云
亲吻了
消失在去年今日的
爆米花
和棉花糖

书里的乌托邦与理想国
在时见鹿的玻璃橱窗里

我，经过你
避免碰撞与直视

水鸟回到清澈的湖面
替我亲吻了远去的背影
风吹过沉默的屋顶
替我朗读了解放的诗句

我看到了也听到了
但我要
提笔去见
将至的暴风雨

与艾米莉同名

——观艾米莉的传记片《宁静的热情》

一月寒冷潮湿的卡带
嗞嗞传述幽居诗人
由诗句牵引点亮的琐碎与压抑

飘向高处的炊烟将我们拉向地面
开膛破肚的黄粘鱼刺伤了左手
并行的面包代替祈祷
白开水代替红茶、酒和烟

穿过树林远去的马车
载走了友情、爱与大众依靠的温情

远方的消息
似由鸟群衔来的哨所前沿

疑惑的人因无从选择
只能站在中间或者角落

盘子打碎后……
喋喋不休的人生
让位于无边的寂静

由京基 100 大厦至大芬村

高德导航 8.1 公里
耗时 26 分钟
穿过小雨、暴雨
太阳雨
至大芬村

艺术之地
有彩虹

老围东站至北京西的
怀旧专列
是满载油画的火车

你见得太多了——

一边在挥笔一边在装框
一边是梵高一边是莫奈
一边是古典一边是现代

我为这些好看的赝品发愁
它们都去往民宿、客栈、宾馆和小资的书房

“可以隔段时间换一批画
像换衣服那样！”

我想取消它们
恢复原始林

小众或鲜为人知者

才够神秘

摒弃订制与流水线吧
我只为唯一的原创伫立与鼓掌

包裹深圳的大暴雨

包裹凯旋门的那些天
我用目光包裹了很多白绸和白云

后来白绸包裹了蓝天
白云包裹了
京基
和五分钟的大暴雨

我穿过雨帘
坐滴滴

邻居瑞吉的顶楼
挂着天线宝宝
和彩虹

录下了情侣的约会宴
与成人仪式

然后是
令你流泪的告别信
必然尘封于心底

思想者的居家日

待得最久的地方
当是睡床、书房
其次是厨房

不对，待得最久的地方
其实是阳台

鸟也是如此
把更多的时间花在阳台上而不是树上
它们啄过指甲花、又啄过丝兰草
更多时候是和沉默的植物对视

眼光中、空气里
波纹、脉络、伦理
哀歌，或赞美诗

一天，又一天
你也如此

而巢，而巢是十万只蚂蚁的工地

野芷湖

曾经在此岸的
视觉书屋与合美术馆顶部
向彼岸的

烟蒙与辽阔
行注目礼

可那时没有鲜花
和车马

如今，盛夏
怀揣手机和黄金
导航而至
所行皆是沿湖小道

阳光炙烤水文台
和光着膀子的垂钓者

蝉声热烈
水葫芦密集
去往湖心七号教室的
小道已阻断

无法回放
撒哈拉手绘的鱼和阿毛诵读的诗

梁子湖边再遇水浮莲

度假者视梁子湖为泸沽湖
三亚
或灌篮高手的小镰仓

而我只是把它

当作饲养武昌鱼、白鹭和天鹅的姐姐

收纳我从天而降的脚步声或雨水
容我安静地
看着她唱歌或发呆

我们在转角
遇到的古村落和湖边站牌
立过燕子、喜鹊
与湖鸥

姐姐，它们也一直在找你

梦里田园

闯入钢筋丛林的人
总是在夜半
生出翅膀
飞回田园——

喊奶奶扎的稻草人
看姐姐绣的牡丹花
逗父亲在雪地上捕的鸟

追逐骑单车的哥哥
避开拉弹弓的弟弟

我一直在脑中放长电影
绘彩笔连幅画

你看，这些回到宅基地的昔日少年
在四合院的墙面
签下了自己的乳名

初冬观枫叶所感

自然派的颗粒羊绒
拜访学院派皮革雕花的红枫叶

他的运镜拍摄的逆光剪影
进入书签

“妈妈，好多麻雀！
它们飞起来像燕子！”

盛装的二胎在松针铺满的
山道上
追松鼠

野鸭与天鹅
都在水边梳理羽毛
倒影也在梳理

植物季节性枯萎
栾树还站在树巅
检阅过往航线

阳光很好
但终归是冬天

我坐在草垫上
轻微发抖

找童话

全网都在等瑞雪
我的乡村也盼到了

小麻雀们
叽叽喳喳地
有时抢着雪粒
有时追着
头顶模拟它们的无人机

八角、桂皮等着
远方的鲍鱼大盘菜

返乡者的视域
顺着飘着卤香的炊烟
邀请了 AI
和外星人

亲爱的，找啊，找啊！
大象下水
蚂蚁上树
……

声声急

由两头走一条路
或坐在珍珠里
望月亮和大海

我的乡音
久违了

听直播间的琳达
借皇家马步蹲的时长
煲鸡汤

“运动治愈忧伤，
让关节的弹响消失……”

而昨天的鹅毛大雪啊，
变成今天的淙淙溪流……

我还没堆好雪人
还没找到雪人的鼻子和嘴巴
雪就化了

而我身上的雪
越飘越大

借你的白被子
盖一盖悲伤的肩头吧！

常青记

是游园
也是一部手机的
无限虚拟

是人畜共戏
是滤镜里的直播
烘托的
画卷
与和谐图

是咿呀呀的水边戏台的古风
靠着钓鱼台的烟火气
这边爷爷和孙女的对屏舞
那边一家四口的
电子琴音与旋转木马

我也对着巨大的 VR 互动屏
挥了一下手指
拷贝了一套太极

去利友诚的路上遇雪

去友利诚的路上
经过我们初遇时的
街口
公园

飘着一场鹅毛大雪

恣意的凛冽与白
不舍的回眸与留言

覆盖着
浓缩版的老武汉：

桂子山
昙华林
老汉口
老冰棍
荷花牌洗衣机
磁带
……

旧时光
铺满利友诚的往事
沉浸式的互动剧本

你们看，雪触地即逝
而我们永生

于博物馆旁的春野遇流星雨

白玉兰、紫玉兰、油菜花和垂柳
站在韭菜、白菜、茼蒿、莴苣……
的四周

你戴在胸口的
古城堡藏品
站着一排给月亮喂元宵的天使

路边雕塑对时代的纪念
上面有晃头的摇滚

火烧云上
是朱雀唱给低海拔紫花的颂歌

追月的人
穿着镶钻的晚礼服
眨着星星的眼睛

成为被流星雨吻过的人

孤单奏鸣曲

我在河边拂柳
树上的小鸟给我唱了一支歌

我在树下吟诗
小鸟把我读的诗唱成了歌

柳树下的青蛙
一直在奏乐

给读诗的我奏乐
也给唱歌的小鸟奏乐

失意的人啊
你不孤单呢

风不孤单
你就不孤单

山湖集

登山归来
抖掉雨水的金银
和咳嗽

站在阳台上
读小区的绿化带
和一本诗集的
目录

七个晨祷
十个晚祷
和十五种迎风摇曳的花草

雨后游湖
香樟树的嫩绿耳钉、蚂蚁、满天星
鸟鸣、蛙声
飘落在
帐篷外

一串星星的耳坠
寻找着月亮的另一只

高　树

华商律师事务所主任、首席合伙人。曾任深圳市律师协会副会长、会长，深圳市社会组织总会监事长，深圳市政协委员等。现任中华全国律协理事、深圳前海一带一路法律服务联合会执行会长、深圳前海国际商事调解中心理事长、深圳国际仲裁院仲裁员、《深圳特区报》特约评论员。出版长篇小说《拒绝辩护》，文集《沿着法治的方向》，诗集《苍天瘦》《树对风的回忆》。

耕耘者说

在旷野，在生活的洪流中
我宁愿做一个孤独的耕者
自给以丰沛，视田亩如生命
躬身于春夏而思想于秋冬
每一粒种子都因淬炼而饱满
每一颗粮食都值得品尝和分享
心里爱着阳光和雨水
早上荷锄出，夜晚伴星光而归
在山河之间沉浸某种欢喜
这是来自粮草生长期的独特回味
陌上的春花不疾不徐
庄稼的果实迎风飘扬
都必须是一日之常和一生之恒
直至时光褪去而双手成茧
仍骄傲于人世，因为耕食与爱情

圣心：给春分和幸福

我在仰望星空的时候
必定以飞翔的语言
写下霓虹和流彩，以及
内心如蓝的深邃和高远
多少惊鸿一发而不收
高高在上的爱情悬挂如月

而当我目光收回大地

一望无际的旷野荡漾如潮
我多想做一颗埋头的种子
在雨水充盈的季节破土而出
在阳光下心无旁骛地茁壮

都是因了人间的壮美
让我不断追问春天的出处
淌下的泪水含着悲喜两极
苍穹之下忙碌的人群中
我在一首诗里舞蹈，并且
带着一颗圣心具体地生活

并以此，献给国际幸福日。

归　乡

相比于儿时的渴望
此时的我多了些迟疑

红土地上长满青草
当年的野火时隐时现
一条河的水浅碧清澈
此时的温暖大于澎湃

路上有植物的香气沁出
这让我激动不已
山上的小花铺成锦簇
这有胜当年繁茂

宽阔的田野呈浩荡之势
有风中的细语从远处传来

人间四月天的传说
从少年出走的风景中
一直抵达恍惚的刹那
形成归去来兮的浩叹

我曾经如是

清澈见底
能听到波光的声音
我是硕大的眼睛
我是天真的耳朵

树上的青果
每当起舞
总是不得要领
但很欢欣

被风吹皱的影子
在月色下婆娑
然后爬起
和风并驾齐驱

喜欢和自己叫板
不停地追赶自己
总以为远方
还有更远的远方

知道爱情的时候
就相信了
和理想媲美
我曾经如是

与己书

要把不明白的事想明白
要让眼前的榕树高大起来
要让一颗灵魂宁静而欢喜

这需要多大的勇气
需要经历怎样的艰难

可是我奉上的赤诚
我在林子里的默念冥想
我在山河一隅的躬身劳作
这些持续的心力所致
是不是可以擦亮我的双眼

对于没看清的另一个自己
需要自己擦亮的灵魂，对
掏出来不看就放下的一切
痛彻心扉之后应该明白
辽阔世界的回归之路
真正让自己变得好看
能听见内心歌唱的安静
以及温暖的全部力量

这些必须再次唤醒

等什么呢

什么都来过了
而我们还在等

山水流转
梦影星辰
就在此刻间
都在一眨眼

十里春风于巡天千河
就是一根短的黑发
多少白头翁
在这尘世

风中的细语
和隐约的呻吟
如果听见了
我们就在其中

不再等一场春雨
拨云见日
迎暖阳与雪

佩　韦

本名韦忠儒，中南政法学院（今中南财经政法大学）经济法系88级学生，现在中国建设银行广东省分行工作。曾在《中南政法学院报》《大学生》《诗神》等发表诗歌。有诗作入选朱雪里、杨建堂主编的《大学生抒情诗选》和王键、阿毛主编的《山湖集》。

恋　爱

这位姑娘请留步，
有个恋爱要跟你谈一下。
于是她回过头来。
你猜她这一回头的容颜？
是远方！
我看她是远方，
她看我也是远方。
不是走到走投无路了吗？
为什么抬眼望去依然是一望无垠的希望？
而这希望又是你心的归属。
你真是不忠心啊！
深爱脚下，
而又热恋远方。
永远没有山穷水尽，
只要远方还在，
路就没到尽头。
她也孤独，
作为远方，
她是倾世的王，
期待所有的追求却只能孑然一身。
这是世上最缠绵的恋爱，
永远不能触碰，
却依然不愿放手。

睡与醒

月上东窗

夜色如水
无需酒慰风尘
睡觉即是最好的沐浴

月下西楼
时光如水
不再直挂云帆
醒来已是最好的彼岸

夏 雨

三伏天里这一场雨
很像老天爷下来偷情
深入夏的最深处
让它怀孕
它们的孩子将叫立秋

也深入我最深的心底
在那里所有的热恋已冷落成泥
只等待绮窗前一株寒梅的种子
夏雨不是王维的爱人
却是来自故乡的夏君

一场夏雨偷偷地催生了一个季节
也偷偷地催多了一圈年轮
从此一切趋于清凉
凡是来处
都是故乡

惊蛰之夜

我的云不散
但你的云不来
故看不到雷电
听不到雷响

雨不知从何而至
在万籁俱寂中窃窃私语
我悄悄地凑近窗户
偷听窗外的雨润

思念长成一棵老树了
已经无花无子
再没有我们的种子播在地里
我们是不再际会的两片浮云

回　家

今夜回到家
突然觉得是久违了
最珍贵的是家门的钥匙
小心翼翼地把我放进家里

家里依然是熟悉的味道
我故意走得重一点
听见了自己脚步的回响
这是我回家的证据

又在外面度过一个星期了
时光依然是流逝的
不知不觉也不知道流到了哪里
只有家还记得我还在它这里存在

今夜是久违了
露台的桂花故意不开
窗上的月亮故意不来
似乎我是我冒昧回家的礼物

雨　夜

他想睡成一张弓
以雨为箭
射穿夜的身体

但此刻夜的唇在他的唇上
雨的舌吻着他的舌
让一切的距离都是负的遥远

他就一直不能睡去
醒成夜的伤口
这是他唯一可以瞄准的靶心

雨从夜的伤口里伸出柔软的舌
他一万遍地吮吸这秘密的痛
这痛是可以射穿他自身的力

今夜不醉

酒像一把锁
喝醉了才打开
今夜不醉
所以我还锁住自己
我努力地想法律
想从法律系逃逸的诗人
偶尔想一想某首古诗中的湘君
想它到底是男神还是女神
真不好意思
偏偏就不想你
今夜不醉
不要想着出逃

晨　空

清晨的天空像一面镜子
一无所有
只照见他思念的背影
如今他的痛苦已经痊愈
他爱所有的人
唯一的情敌只剩下自己
他的思念是月落谁家
愿日出再慢一点
每一天的流逝都是初恋

白政瑜

中南政法学院（今中南财经政法大学）经济法系89级学生，现在深圳某机关工作。工作之余，偶尔以文抒怀，在各类报纸杂志上发表散文、诗歌百余篇。

四月江城

怀念一些人
以及和他们共度的时光
那些陈年旧事
总不经意地在梦中穿越
就像蒙蒙江雨
再大
再稠
也遮不住黄鹤楼的俊彩星驰

走在校园的路上
很多亲切的笑容　欢快的笑声
依稀浮现
只是治国路上当年的幼苗
如今已是参天的大树
那一片片风中飘舞的树叶啊
一茬茬
一片片
是不是写满了我们的名字？

夜色随思

夜色浓的时候
想把自己
打包成一盏芯火狂热的橘皮灯
一路走去
点亮黑魆魆的街景

还有徐徐的风
孩子的欢耍
夜间的施工
路边的烧烤
这些腾腾的热气总会牵引人到幸福的路上
他们过于直白
陈述生活的本真
解锁内心的羁绊
路边不知名的花草在摇曳

夜是对时光无情的屠杀
一分一秒地嘀嗒
黑夜将很快演绎成白
就像轮换浏览的两本书
是风马牛不相及的哲学和诗歌

再美丽的遐思
总被夜间工地的轰鸣所折断
我想给 12345 一个投诉
我想它应该会回复我
在通往美好生活的路上
每个人都不容易

野　草

习惯了被熟视无睹
用最结实的身躯承载命运
低微冷落是身份的代名词

金枝玉叶那是别人的荣誉

无法改变宿命
就要顽强地重塑自己
执拗地摸索生存的路径
耐心等待　耐心坚持

坚持到春风轻抚的时刻
有雨露在叶上晶莹
坚持抗击枯黄和衰败
死，也要有绿色的气质

坚持吞下成见的钉子
淬炼不寻常的风姿
坚持生有与生俱来的卑微
更活出后天修炼的高贵品质

要把生活一一磨炼
眼泪会是清澈的泉水
扎根在大地彼此相偎
与阳光风雨遥相应对

叶

窗畔的一片树叶，或者小花
前几天还枝繁叶茂，春意盎然
然后就飘零坠落
像自由落体
不可控制

衰老如加速度
日甚一日

也会有新的嫩叶重绿
也会有小鸟攀爬窗棂
每天都会有新的阳光
在相似的日子
练习十八里相送
男耕女织
桨声灯影
羽化成蝶
日复一日日新一日

七月江河

时针滑落到七月
注定这是不平凡的季节
度日如年，也度年如日
时光无情地嘲弄人们的流转
人们无尽地感叹时光的走远

鲜衣怒马或凡夫俗子
在时间的江河里
都如蜉蝣般随波游弋
多少事从来急
尘埃散去青山空碧
多少鏖战江湖
终将归于万古
变的是人与事的更迭

不变的是心与力的纠结
就像奔腾到海，印刻在七月江河

於中甫

中南政法学院（今中南财经政法大学）经济法系 89 级本科。籍贯安徽，现居广州。中国作家协会会员，中国诗歌学会会员，广东省作家协会理事。鲁迅文学院第 33 届中青年作家高级研讨班学员。先后获全国第七届冰心散文奖、2016 冰心儿童文学新作奖、番禺市文学奖等奖项。出版诗集《我的唐诗宋词》《城里的布谷》等。

被夕阳涂染的甘蔗

数月不见
它们的高度高过了水稻
高过了香蕉
脱颖而出成为
秋天田野上身材最出众的群体
我在垄上与它们一一握手
头顶是绿色的剑
柔软地向天空挥舞
一列列黝黑的枝干
比竹子还要笔直
装满了一天比一天
甜蜜的汁水
它们水渠里的倒影
摇曳着亭亭玉立
与青纱帐不一样的空气
在这片林子里散发
夕阳的光辉洒射过来
把我们一起涂染成金黄

不　会

只有绿色不会被污染
除了变黄或枯萎
只有花开
不会被污染
一旦绽开

不带一点忧伤
只有阳光
不被污染
它来自远方
却无私馈赠
力所能及的星球
只有真爱
不会被污染
它的内核深处
滚热如火
全力点燃自然界
冰冷的生死场

回到少年时摄影

我想抱起少年时的我
让他安静地坐在板凳上
并给害羞的他拍张照
不用担心浪费胶卷
用数码相机随便拍都不会心疼

给村庄留个 360° 的全景
给村头泥墙的小学
和荷锄归来站在窗外看我们上课的乡亲
给家里的功臣　那只健壮的大水牛与祖父合张影
还有肩上的闪亮的滴着泥水的铁犁
给那株墙角的一树红杏和嗡嗡的蜜蜂
给树下仰首欣喜等待枣子抛下来的妹妹
给插秧割麦得满头大汗的母亲

给坐在门槛边包粽子的祖母
给骑着红旗牌自行车从学校周末归来的父亲和
迎上去欢叫的大黑狗

我在老屋子的枕头边
放好相机
今晚到梦里去
四十年前的照片
我想一一补拍

角落里的塔楼

菩提榕葱绿
叶子又增新绿
脱下的旧衣裳轻轻飘在院墙上
虬枝的红棉
花儿又开新红
花瓣纷纷落在屋顶檐角
围墙深锁
搭起的脚手架已经锈迹斑斑
我们再也不能进去看个究竟
只有春来秋去
只有风来雨去
左边是拆掉重建的现代化图书馆
右边是搬走人去楼空的博物馆
书香和人声近在咫尺
在时间的一隅
在喧闹的角落里
没有谁知道它在垂垂老去

终将零落成泥

书就在我的身边

它们在我的生命里举足轻重
每一个都与我有缘在一起
不离不弃
它们又与我大多陌生无语
静静地冬眠
我最多扫上一眼
杂乱无序
我如今拥有它们
我哪天走后一去不返
它们一个都带不走
它们将作鸟兽散
或归于废纸堆
我现在能做的就是
从今天开始
一一打开它们
争取多见几面
将记忆带走一些去远方温暖
就像老去的房子
老去的父老乡亲

小团圆

在城市的夜空仰望
霓虹灯闪烁刺眼
千里之外那座老屋和
槐树上的月亮
在一低头处
升起来
一起明亮起来的有
祖母在锅台边汗落如雨的
矮小身影
祖父牵着老牛倦倦归来
母亲双手还沾着插秧的泥
妹妹舞着小竹竿赶着鹅群回家
家里的老母鸡咯咯地
带着自己的娃上了笼
燕子从外面飞到屋梁上
父亲还正在路上
大黑狗已跑到村外去迎接
它怎知道每个周末学校放假
父亲从二十里路外抄小路赶回
我看见雪雨纷纷扬下起来
一声欢叫
桌上热气腾腾
筷子开始分享热乎乎的农家晚餐
父亲笑着夹了块鸡肝给我
我开心地看到一周未见
比我现在还年轻朝气的脸

杏　花

梵高的笔下
盛开得比向日葵
更热烈的
是故乡童年的杏花
比桃花梨花油菜花还早
田野上没有柳笛
牧童去哪里找
酿酒的村庄树没有几株
卖的都是勾兑酒
小楼一夜春雨听足
小巷深处一株杏花
开得像要马上飞走
清明时节
我在老屋的黝黑的粗大榆树下
捕捉到 25 年前的
一双双杏眼

在高铁上遇到和写下

在高铁上
在手机里
写下旅途上的散思
它们不速之客一样
来无声息
就像圆明园遗址边
野生的一株植物

熟悉却说不出名字
它们曾长在我童年上学的路上
开出淡黄的花
结着精巧的果
文字的排列和组合
把一瞬间的火花凝固
这是独一无二的捕捉
既然遇到
便成为我一生的亲人

蔡　永

中南财经大学（今中南财经政法大学）89级学生。湖北省作协、武汉作协会员，诗刊子曰诗社、唐社成员，曾有诗作发表或出版。

寄故乡

嘴巴要有多甜
长江水才能流回沉湖的胸膛
眼睛要有多美
芦苇滩才能留住大雁的翅膀
我的粮食和蔬菜还饱满吗
我的少女和船还鲜艳吗
我想说的每一个字
还能从云朵中落下来
从湖水里游过来
从乍暖还寒的泥土上长出来吗
乡音比波涛更加宽阔
鱼尾纹比羽毛更加醒目
一封家书
穿越十万亩油菜花奔驰而至
花田玎珰，淹没我孤零零的落款
这里吹过了多少春风
现在就会写成多少诗行

看　花

地米菜的小拳头，白白的细细的
挠到我的鼻尖上，摇来晃去
油菜花长疯了，金色的大海涨潮了
一波推着一波，将我淹没
更高处的花朵互相模仿和攀比
桃啊杏啊美人啊，傻傻的我分不清

花的杯、花的盘、花的碗、花的盏
我的花花世界，四大皆空

能不能再醉一场踉踉跄跄的酒
再恋一场晕晕乎乎的爱
再来一场生死，只为看你
花枝乱颤，我们要爆发一次地震
雷声浩荡，我们的地震不为人知
春风或早或迟，我们不能耽误

当此时

一条不丰满的江一定无颜向东奔流
水面浮上了堤身，才是江城的江
一座不消夜的城一定愧对烟火众生
人群拥上了街头，才是江城的城
你在遥远的楚国发来视频通话
满杯啤酒漾起浪花似的泡沫
满屏喧闹淹没你勇闯天涯的笑声
当此时，仅有蓝天白云和霓虹灯是不够的
仅有一滩芦苇和一船粽子还是不够
我们穿越时空，从微信里扑面而至
一个古人的疼痛探手可及
一个放逐者的孤寂也渴求慰藉
俯仰于行吟阁畔，潜伏于镜头之外
恍兮惚兮，我需要反复确认自己
并非前世夫子
我需要下载你的每一次干杯和点赞

在水深火热的今后
安抚日渐丰盈的春汛

梅　雨

东南季风携来太平洋暖湿气流
梅雨有着诗意的面孔，和莫测的心事
一滴雨水无法预知降落的目标
是灌浆的玉米、情人的额头
还是堤坝、沙包、彩条布和长筒胶鞋
一滴雨水和另一滴雨水的相遇
必然超越你和我的幻想
在天上尽情倾泻，在地上毫不保留
譬如 2020 年，6 月 8 日至 7 月 21 日
时间 43 天，本世纪第一
雨量 1051.4 毫米，历史同期第一
在消泗，所有第一都是不动声色的

种　花

在高楼间隙种花，对抗城市的洁癖症
在白纸上种花，记录植物的性成熟史
在黑夜里种花，为自己的荒园跑马圈地
可以想象成一枝独秀的引诱
也可以想象成众芳成锦的迷惑
你无法知道此刻花的意图

但完全掌握下一秒花的结局
花将老于温柔乡，果将死于名利场
多少朵花一直蹈袭前生的遗轨
多少个种花人一直躲避时光的追杀
谷雨眼睁睁地过，芳菲眼睁睁地落
我能不能停下来，周旋于锅碗瓢盆
为一位少年献上所剩无几的春水

想去种莲

我想去种莲
要种就大种特种
湖里种白莲
田里种红莲
远远近近的池塘种香莲
书房的桌上种碗莲
墙上挂幅国画
或者书法《爱莲说》
尽管它有很多名字
芙蓉、菡萏、荷……
我只想把它叫作莲
我要让爱莲的人
处处如逢君子，如坐清风
我要让不爱莲的人
看到声势如此浩大的莲花
胆战心惊，追悔莫及

你在风中扬了扬手

午后的慵懒是幸福的
海桐结着籽，菖蒲泛着黄
天上的风走着地上的路
两双眼睛望着，望不到头
立冬刚过，阳光真好
你的手从我的手里抽开
举到面前扬了扬
我猜，你在试探风的温度
也在试探太阳的温度
你和我一样想知道
在这越来越冷的世界
我们还能不能独自承受

辽阔大地上挤满了人群

我在你最远的地方
把时间放在走不完的路
把欢爱放在忘不了的歌
把疼痛放在睡不着的夜
因为远离，放纵自己

我在你最近的地方
把笑容放在你的唇边
把情话放在你的耳畔
把抚摸放在你的发梢
因为切近，藏匿自己

辽阔大地上挤满了人群
哪里最远，哪里最近
你选好位置
我选好距离

遥知不是雪

从拉开窗帘就开始失望的
满以为大雪盈身，不过又空等一宿
一定是北国的渡口尚未启程
让等不及的火，献不上媚眼
一定是冬天的枕边仍在盘桓
让等不及的梦，说不出花心
我们想象得到的雪
无非下多大，或者下多久
无非你我皆白
黑暗的不再黑暗，丑陋的不再丑陋
我们一起虚度的夜唉
雪不雪的，其实是个由头

让诗人跑一场马拉松

一直想给马拉松写首诗
等到读秒的钟表关了，冲刺的终点到了
结局已经明朗，人潮退尽

这时提起笔来，铺开的白纸
即是我还未抵达的远方
我能想象的远方越来越近
我能积攒的力量越来越式微
余下的时间，我需要忘掉伤痛和荣耀
重新学习礼让
学习抒情，对一树樱花微笑
对远方吹来的风眯上眼睛
在万顷湖岸溺爱一只蚂蚁
与它一起疲于奔命
我会经过怎样不可预料的事
又会爱上怎样不可得知的人
我们杂沓而轻微的脚步
你说是战鼓，它就是战鼓
你说是呼啸，它就是呼啸

落地无根

疾射的箭没有足
只有风能追上他的脚步

飞驰的马没有翅
只有云能抓住他的身影

怦怦跳动的心别无所有
向着你的胸膛狂奔

他们在空中电掣雷行
老去的光阴有始无终

一切呼喊都涌上人潮
落不了地的是声音

一切相聚都历经艰险
落得了地的是浮萍

生而为鹤

一只鹤从楼头纵身一跃
比如我，所有眷恋的
阳春三月的云、尚未写成的诗和
你刚出浴的乳房
这些不可触摸的美好
纵身向上或者向下，已经毅然决然
一只半空的鹤，比如一架迷航的飞机
满载肉体和欲望穿越灰霾
不断地试探一座座灯塔
比如一直远去的大唐，卷起万里江山
向无数欢宴和伤口谢幕告别
不断地试探一个个词语
一只鹤，终会翱翔于九天
没有什么是放不下的，比如我
会在白云生处种树
在读诗的黑夜点燃火把
在你抽身而去的地方，努力加餐

摔　琴

听过很多次高山流水却不解知音
牵过很多只手却不晓风情
爱过很多个人却放不开身心
从来不像亡命的刺客
酣畅淋漓地醉一回
也不像过气的琴师，毅然决然地摔一回
这些沮丧，一直让我羞怯
让我在女人之前不敢好色
豺狼之前不敢自寻生路
墓碑之前不敢讨论失眠
春天走远了，也不敢迎风流泪
作为一名彻底缴械的琴师
坐对满丘碧草
坐对不愿打理的江山
连投降都怕引来危险
连摔琴都怕弄出响声
这时饮酒、讲禅、眠花宿柳是无耻的
这时割弃这些
又是难以启齿的

上九真

一场雪拼尽全力，一座山纹丝不动
草木隐去名号，鸟兽保持缄默
斧头要找一棵树，琴要找一头牛
得道成仙的狐狸要找一个凡夫俗子

两千年，茫茫白
一节枯枝会降下哪一位神灵
树巅的，闪展腾挪
树根的，倏忽即逝
山名九真，原名五藏，亦名仙潜
地名九真关，城堞历历，冰雪皑皑
炼丹炉找不到前世
连心锁找不到自己
举头一思量，低头再思量
脖颈微凉，有风过耳

你懂的

秋风是好色的
撕下多少树叶，扯下多少枝条
一探手，乳房上的晕
再一探手，骨头中的磷
所有不懂的诗句，都适合表达爱情

就算你不懂，这些惊喜
来自女人，来自花朵
趁太阳还没开口说话
趁小鸟还在化妆
我才颤颤巍巍地爱你

我装作正人君子
你装作噤若寒蝉
一定是眼光剥下你藕色的衣裳
刀在匍匐前行

海浪屏住呼吸
我想你懂的

大海也有小心思

辽阔是微不足道的，你是唯一的岸
白鸥倏然即逝，所有鸣叫都在表白
向最高的桅尖伸出双臂，我爱你——
星星会听见吗，会飞奔一个光年
给你所要的惊喜吗
向最安静的礁石放开喉咙，来吧——
鲸鱼会回头吗，会横渡一个大海
给你所要的安慰吗

你涌动你的潮水，而我潜入
深不可测的海沟，大海脱去躯壳
腾一阵风，驾一片羽毛
我的浪花纷至沓来
这些深蓝色的、不安分的词语
用一个又一个独立的形状和声音
在爱的海平面试探、重复
涉过无数脚印，将浪漫进行到底

为你摘的星星，献上椰林和宫殿
为你养的鲸鱼，献上沙漏和漂流瓶
再没有什么话题，让我翻起中年之心
我只要一个不眠之夜，仰望余生

唐 驹

本名袁雅蓉，出生于新疆乌鲁木齐。1990 年 9 月至 1993 年 6 月就读于中南财经大学（今中南财经政法大学）研究生部国民经济管理专业，现居深圳，供职于平安银行总行。已出版诗集《武汉之春》（2006 年）、《赛里木湖的神谕》（2012 年），后者选入 2014 年广东省年度诗歌奖终评名单。荣获深圳“第一朗读者”2015—2016 年度“最佳诗人奖”，2018—2020 年有诗歌作品入选《山湖集——中南财经政法大学诗人诗选》（第一、二、三辑）。深圳市作家协会会员，现任深圳市《前海潮诗报》主编。

西部的回忆：神马之歌（组诗）

——献给我的军垦父亲

一匹神马

倘若我告诉你有一匹神马
身佩西部天空的云彩
拥有天山奇峰陡峭的幻思和智力
以风的流速驰骋在西疆大地上

倘若我告诉你这匹神马
在它整个不眠之夜的铁蹄生涯中
只憧憬抚慰斗志的伤痕和重振心灵的旗帜
披挂那些铿锵有力的誓言
护送那些被狂风和荒原淹没的先驱者的出发
把先驱的旗帜送到空气稀薄的山坡上
那些无声的誓言在太阳的慈爱下
跃动着第一代军垦人饱满丰富的心

昨天我又梦到了这匹神马
它凄婉地向我倾诉
一个古铜色皮肤的主人和它的故事
从黑暗的束缚中奔向开拓大自然的艰辛自由中
在寂寞的生命中沐浴着一轮圆月
举起粗糙的生产力的信念寻找土地的梦
用集体的篝火温暖年轻的身体
用喜悦的心灵迎接第一次大地的盛装
丰收和群星闪耀揉合在一起
青春和参天的胡杨树的斑驳揉合在一起
瓦蓝的天空的军帽下一双永不瞑目的深情的
眼睛揉合在一起

丰　碑

这匹神马
环绕着我梦见的这片天空喧腾
在它身后撕碎片片燃烧的云彩
在它奇妙的蹄步停留过的地方
一个硕大的花篮和丰碑随风浪出现了
而神马犹如男子忠烈的脸庞渐渐消逝

花篮和丰碑像一幅高悬的画在我眼前
当我伸手抚摸丰碑的青铜肤色时
丰碑仿佛被无形地推远了
花篮像风中鲜艳的脸庞含着动人的笑容和爱的语言

这时我第一次发现
在花篮和纪念碑里珍藏的感情中
在这片天空容忍的善良的贫困和刚强的生存
的写照中
没有另一种更有力的代价
使这座丰碑更出色地匹配肃穆天空的容貌和天姿
也没有另一种纪念碑和天空同样高大辽阔

也许在纪念碑的秘密里
先辈们不被重复的峥嵘岁月
能给子孙们留下灵感和新的业绩
告别迷茫岁月的清晨
把不背叛的鲜血抹上额头
西部的群山、戈壁、阳光和河流
都会辨认出这种鲜血的光芒
这片土地也不会背叛这种鲜血的颜色
犹如火凤凰一样飞翔的纪念碑
是西部天空中拓荒人的翅膀

你一定要听见西部流传的美丽的歌

但是，神马
你在哪里安息呢
在黎明流动着波光的大地上
哪里是你的躯体
你的沉睡的语言
你的极不平凡的梦境
在废弃的农场的旧址我访问清晨时
一定会听见你拽风闪过的声音

在那些阴雨缠绵的日子
和闪电扯断树枝的日子
在人们被自然的和意外的困境围困的日子
或在自然力强迫人们更多思索的漫长岁月
神马，是谁折伤了你的翅膀
阻止你渴望在阳光中飞翔的心灵
封锁你的意志迸出的铁蹄和明亮的眼睛
你的深不可测的深情和忧伤
在西部的天空中巡行
使每个云端都藏有神马的眉宇
使每一束撕裂乌云的阳光
都隐含着神马起居的洞穴和秘径

神马，当你受伤的翅膀沉疴不起的时候
你一定要听见西部流传的美丽的歌
你一定要回忆西部城市的定义
你一定要注意白杨树顽强延伸的方向
你一定要阅读清晨呈现的碧绿的农田
你不能拒绝天山雪水的温柔
不能放弃西疆戈壁的刚强
也许有一个二百万人热泪涌成的温泉

为你擦洗伤口
也许有一个二百万人韧血的刚强
为你的洞穴站岗
也许当你一睁开眼睛就会看见黎明开始聚集的曙光

耕种者的象征和继承者的箴言

在神马受伤后隐蔽的日子里
我访问了陪伴在神马身旁的某个清晨
在曦光里我看清了清晨的整个身形
端坐在天山雪峰之下
它着装数百条阳光的彩带在晨风中飘舞
它的额头上缠着光环的花簇
它告诉我：生命永远这样年轻

我寻问它为什么不伴神马而去
它说神马有一片它自己的天地
鞠躬尽瘁就是它高贵的天赋之一
神马有一种朴实无华的品质
它的心灵仿佛像雪山流淌的泉水
它的眼睛同时可以看见纯洁的天空
和五彩的大地

它说：神马的脖颈上系着两个铜铃
一个是祖传耘种者的象征
另一个是继承者的箴言
它说你所看见的神马是这两种象征的结合
它的完成动用了天山山脉的自然力
和西疆上空的光照能量
当你偶感神马飞过上空时
是否有一种不能言传的力量的增强呢
我默默无言

“但是这种神马的超人之处
是它的易被人间的真情感动和吸收的心灵
它就像吸收阳光一样吸收了人间的智慧
称思想者是现代的神圣火把”

最后，它对我说
“人们都相信神马
是因为它曾经真实地生活过
曾经真实地为完成西域的变迁浴血流汗的
家族之一，就有神马的家族
至今流传给神马的品质中主要的珍品
仍旧是惊人的臂力、耕种的决心和继承的意志
你可以把神马看作任何一个
具有上述品质的普通人
正是他们
至今仍是最有信念的人”

我问神马养伤的洞穴是否有秘密
它说“一切真实的都可以相信
但真实的美不在于四处打听而存在于内心
每一个自然的秘密不须昭示
就存在于你们内心的信念中”

“我能见到神马的真实面貌吗”
我有一股寻根问底的决心
我听到清晨把目光投向远方的叹息
“也许不能
也许神马能给我们它存在的价值中的一切
但它并不能给我们一个完美的答案”

清晨载着它的小鸟们走远了

日出犹如出锄的农夫唱着一首民歌
我抖去眉宇上的露珠向清晨逝去的方向追问
“神马会很快康复吗？
对它的伤害能否得逞？
普通人该怎样助它一臂之力？
神马是否会一蹶不振呢？”
清晨的步伐呼啸而去
它抛下一片金色的云彩回答我：
“神马相信自己的力量
请相信我们的神马”

头版新闻

在以后的岁月里
我的梦境穿越过了无数个铁的事实
在文字的纪念塔和偏僻的自然村里
第一代军垦子孙的热血每夜升腾的热度
在盆地和河域的边缘升起蒸气的峡谷
常使人想起远古神农耕种时的骨骼

我以一个在军垦的土地上
看见日复一日悲壮辉煌的落日的成长者的名义
向银河系信息中心发出电讯：
“落日孕育着辉煌的日出。
白杨树沉默的根须拥有大地的深情
年轻人夜以继日的磷火点燃车轮的憧憬
昨天被军垦占据的土地已被绿色占据着
它汇集了无限丰富的绿色的定义
准备向银河的未来提供一片多维空间的乐土
一个天然的证据
一种黑色的说明
它是当代西部人文和自然景观悲壮的塔顶”

当我遐思走神时
一阵清风吹走了手中的笔
使人感到一定是被年轻的神马衔向远方

中国灯笼

中国灯笼底下的气功
是黄河的涛声不断蒸腾
淬火和结集精华的岁月
铜刀刻下的一匹黄马
在倥偬如梦的国土上日夜投宿
白鹤化成的人的臂膀
落灰和惊鹤的语言
雕刻着饭粒一般的纪念品
在深渊中守卫的门卒
把地下宫殿万马奔腾的景象与活力
浮现在佛像的手掌上

被祖先雕刻下的男人们
用黄河水洗澄净天空和胆子
捆成一挑象征他们名字的木筏
口含一枚红灯笼
鞋底最后一脚在热土上踏下纹路
雕下一座泥塑木雕的永恒的妻儿
给黄河经过的穴位上留下针灸
撑起脑后日益挂满的白帆

倘若数不清的枷锁无法束缚住叛逃
就用北方的酒坛倒下滔滔的河水

他们就用砍断的缆绳护卫兄弟的诺言
他们就留给孩子和女人昨天的灯笼
和明天的信物
河水和嘴中衔含的灯笼
像龙胆一样划动柔肠和
黄河古道
找到石岗旁的石人和石哨
找到山岳搁浅的一侧
找到焚烧灯笼的水与火分层的宫殿

女人们总是在刻出人鱼形状的石头边
等着从男人们嘴里收回手中的灯笼
等着料理他们的后事和庄严的遗容
等着收藏他们的脚印和掩埋一切零乱
总是女人掩埋男人的痕迹
用这种痕迹重新瞩目黄河古道
斩乱了杂草丛生的柔情和黄河
总是女人的兄弟挑动黄河的忧愁和灯笼
接送被黄河洗炼和送殡的女人
狂风用百倍的顽强拦问漩流的绳索
男人和女人的头发缠绕成遮体的灰衣

暂离河体的人流
他们总是在一排挂起灯笼的窑洞前复苏
吐出带有芬芳的泥土
呼唤着孩子的名字
孩子像灯笼一样过年的渔火般的眼睛
重又像黄河发亮的感情扼住
天空和大地的喉咙
在喉咙底下
浩浩荡荡的灯笼又结集在腰鼓队伍的尘土中

黄河号子

黄河之舟
摇滚过广场和雷场
长出郁郁葱葱的相思树和红橘
嵌进黄河涛声的月亮像一块银元

广场从黄河的气势中收取缰绳
碾过澎湃的黄河
蹒跚地走进万家灯火
在黑暗中思念黄河船夫和民谣

凝固的黄河龙和龙的传人
在黄河虚实交替的咆哮下
承接起黄河百万船夫的吼声
和黄河号子粗犷悲壮的节律

易春雷

湖南隆回县人，1994 年毕业于中南政法学院（今中南财经政法大学），现居深圳。作品散见《光明日报》《文艺报》《当代诗坛》《作品》等，出版有诗集《因为爱》《近山水》和诗歌摄影集《喀什的天空》。

流沙无痕

终于可以卸下一剑碧锋
立地成佛
终于可以解脱三千青丝
入火为烟

风云激荡的江湖
很难做仁至义尽的侠客
赤兔马背的枕戈待旦
换来悲壮的残阳如血
进退取舍的流年
流沙无情地流走似箭光阴
空留一地月华
照影寂寞的无声无息

再多的精彩终会谢幕
剑划破长空血坚硬如铁
匆匆过客挑灯夜读
那瓣高贵的爱
只为痛饮孤单

喀什噶尔最后一夜

喀什噶尔最后一夜
别离的更声
从高台民居深处传来

静默千年的公格尔峰
难得露出满头白发
向三年的时光挥泪作别
一忍再忍
月夜喊出一腔别绪离愁

不要埋怨我心藏刀斧
做一回边塞胡马
风吹过
处处是马蹄声起
不经意将昆仑贺兰踏破

寄克孜尔千佛洞

红尘中的繁华你没有
红尘外的荒凉你到处是
在遍地黄沙的深处
你寂寞地绵延下来

我不忍看你流泪的疼痛
不忍抚摸你抱残守缺的沉默
世纪的风沙来来去去
谁记得当年的明月
曾经照过你风华绝代的面容

佛的手掌掠过清风徐来
我就是散落人间的沙粒
没有悲伤空余内心小小的坚强

我甘愿被流沙吞没
明屋达格山黄尘飞扬
木扎提河静静流淌
万里河山在你我际会的瞬间
一点点慌乱一点点惆怅

红其拉甫

他是一座达坂
你是知道的
他是西域边陲口岸
你是知道的
他是中国海拔最高的哨所
你是知道的
他每年春晚向全国人民拜年祝福
你也是知道的

但是

他抬头红日近
从不拒绝巴基斯坦的狂风
你不一定知道
他回首白云低
七月满目雪花昆仑舞银蛇
你不一定知道
他急喘的呼吸里
含氧量只有深圳的二分之一
你不一定知道
他日夜耸立万山之巅

俯瞰古丝绸玄奘回家的路
你不一定知道

可是

他站立在帕米尔高原
代表塔吉克民族
向祖国其他五十五个民族报着平安
你是必须知道的

蝉

清风徐来寒意袅袅娜娜
晨光中依然躺着昨夜的梦境
放下身子伸长渴望
眼里饱含一颗又一颗清澈的晶莹

炊烟升起潦草的美好
挺拔疏朗的梧桐家园万物静好
音乐一浪高过一浪
哦，这一日最初的舞蹈
难道仅仅是为了喊醒沉睡的人世

高高的长调跑出了山林
流水一样划过天空划过原野
请原谅与生俱来的清狂和耿直
落到了太阳的故乡

秋风荡漾，那是人家的秋风

作为登高望远小小的蝉
啜饮朝露之后
最大的理想就是孵出点点蝉露

杳杳寒山道

寒岩未醒
杳杳通山的小径连绵隐伏
溪水断了思念
沿岸盛开无尽的幽冥

蝉鸣鸦噪
有谁计较清冷的光阴虚掷
这山中唯一的雅趣
迈步擦出几缕轻灵的人间烟火

风继续吹
吹破茂林惯有的澄净
我身披白袍玉树临风
千树万树梨花盛开
无声上演苍天对大地的眷顾

太阳归隐
童年的阳光依稀流淌
心如枯井的山中日月
年年岁岁看春天远走他乡

韶关雪

当年骑马被贬的落魄先生
我所敬仰的几百年前的几位
只能在发黄的纸堆里
寻找他们曲折的人生答案
出庙堂进江湖之后
郴州已过万重山
他们一定也路过韶关
一定也邂逅过韶关雪

在中国
韶关雪是心灵版图最后的一场
再往南行
雪花都化作了泪花
随风飘散在岭南的层层大山
决绝中饱含深深的无奈

很多人和我一样
从韶关走过
放逐命运的途中
一定记得韶关的雪

我看到的韶关的雪
不是他们看到的韶关雪
他们经历的韶关雪
简单而又纯洁
有浩瀚的空旷陪着
有嘚嘚的马蹄响起
悲凉中他们不会寂寞

我看到的韶关雪
在雾霭中若隐若现
冰清玉洁的皮肤
仿佛我们一生柔软的情怀

雪　落

开始想家了
雪花就不知疲倦地飘着
白色的信封　素净的信笺
执着于跟大地亲密地私语
那些凹凸有致的爱恨情仇
黑的变成白的
白的还是白的

雪　融

黑暗中听见滴滴答答的声音
听见寒冷夹着尾巴仓皇逃离

透过窗户
一盏橘黄的街灯倔强地亮着
整个喀什亮堂起来

三月的李树、梨树、杏树
收留了片片雪花

森　森

本名陈林海，1995 年 7 月毕业于中南政法学院（今中南财经政法大学）法律系，法学学士。海南琼海人，海南省作家协会会员，海口市作家协会理事，中国诗歌学会会员。诗作散见《诗刊》《星星》《椰城》等报刊，入选多种诗歌选本，出版诗集《隔岸》。

望庐山瀑布

水有一个特性，就是奋不顾身
在庐山，李白看到的水，飞流直下三千尺
与 1300 年后的我看到的
同属一个姿势
我的身边人潮汹涌，他却那么孤单
孤单的人容易情绪化，看不到事物的本质
于是瀑布的美，便被他写绝了
而我看到的水珠
化成雾状散在空中，或者重重地砸在石头上
来不及叫痛就起身离开
水声轰鸣，这种念头一闪而过
在三叠泉的底部，往上望去，山路陡峭
走路的、坐轿的、拄拐的、牵扶的
像瀑布一般往下赶
我看到自己像一粒水珠，幸福地
融入了李白的古诗里

一些蓝

太阳已经爬到了头顶
我去田野里叫母亲回家吃饭
她在为禾苗除草
碧绿的稻浪间，烈日灼身
偶尔传来的布谷声让四周更显幽静
母亲收起农具洗净手脚
当我们经过一片绿荫时

她停下了脚步
一边递给我凉米汤
一边用草帽为我扇风
年幼的我抬头望去
只见她满脸通红，汗流浃背
短发随风轻扬
在她的上方，有一些天空的蓝
穿透了层层叠叠的绿
露出温柔的脸

小青姑娘

一部神话传说《白蛇传》里
人蛇相恋、打打杀杀、恩怨情仇
都不是我在乎的
我只关心小青姑娘
活泼直爽、敢作敢为、义无反顾、爱憎分明
这些都很重要，包括她的聪明伶俐
但她的精灵古怪、游戏人间
她站在白素贞的背后，无拘无束
活出了自己的小
这是我喜欢的

故事到了后来，白素贞被压在雷峰塔下
小青姑娘不知所踪
即使后来雷峰塔倒了
鲁迅先生也没有说小青去了哪里
这也是我喜欢的

火山人家

意念中的火，并没有让人感觉到灼热
一个烈日当空的上午，在昌道村
我们站在伟岸的加布树下，感受微风的温柔
以及纯朴的乡音与笑脸
我们迈步之时，才发现早有成熟的黄皮
站在路旁，探出圆鼓鼓的脸
在绿荫下，我见到了熟悉的老朋友
肾蕨、益智、刺竹、石斛、金银花、桃金娘
又认识了一些新的朋友
豆蔻、释迦、倒吊笔、鸟巢蕨、牛大力
它们长势良好、无畏无惧，让我一度忘记
这块土地上，除了黝黑的石头
还是黝黑的石头
让我一度忘记，这满眼的繁华
是怎样从宋代开始，从石头缝里
掏出土壤与水分，掏出粮食和果蔬，掏出
一代又一代兴旺的子孙

站在昌道村的石拱门前

我没有考证
这石拱门搭建的时间，旁边也没有文字说明
背后只有一座古老的村庄为它作证
其实是它在为村庄作证——
我兜兜转转了半天，只找到这座石拱门
最古老。门宽三尺、高七尺，狭窄、低矮

截住了一条通往村外的小道
门石粗糙，被进出的时光磨滑了脸
消逝的影像里，有农人扛着农具、牵着耕牛
缓慢地穿行，或者在门下歇息
一门之内，是石头垒起的房子，冬暖夏凉
是火山人家的鸡鸣犬吠；一门之外
是遍地的石头上顽强的绿植，瓜果飘香
站在昌道村的石拱门前
我看到了炙热的阳光，照在路边石墙之上
那儿有树根盘踞，有藤蔓攀附
我想石头一定很烫，心里不由得
为它们喊起痛来

窗　前

站在窗前
我会看见楼下的绿，那么具体
草是草的，树是树的
这些互相关联的绿，不断往外延伸
越来越辽阔，越来越模糊
一直到天边的山上，最后变成了黛青色

比我的目光仔细的
是灿烂的阳光
它辨认着每一朵仰望天空的叶子
比阳光更细腻的
是绵绵渗入土地的雨水
它能找到每一棵植物的根系

父亲有时候也会站在窗前
望着远处掩映在绿荫中的房屋
说那儿椰子树环绕，还有成片的橡胶槟榔
多像我们的村庄
其实我们都知道，我的窗口朝南
我的家乡在东边

浊　酒

肉身带着思想
我们在“生活”这两个字里摸爬滚打
隔着空间，又互相瞧见
顺风顺水，或者遍体鳞伤

久别重逢，奔涌而出的泪水是浊的
再三道别，充斥胸腔的惆怅是浊的
一唱三叹，哽咽的声音是浊的
捶胸顿足，万般的无奈是浊的

夜是浊的
雾是浊的
雨水是浊的
人间的声音是浊的

兄弟，今夜所有的浊
都在面前的酒杯里
空了，我们再满上
能止痛，能泄洪，能穿透，能释然，能淡忘

要等到酒精分子遍布全身
再一滴一滴地散尽
要等到我们分开足够久、经历足够多
再次举杯之时，脸红才能遮住眼红
我们才能准确无误地接住
流出来的、能够砸伤五脏六腑的
混浊的纯粹

在磁器口古镇[1]

一座城是有朝代的，一条江却没有
晚到此地的城，丢失了时光
却守住了嘉陵江

在磁器口，宋朝的建筑
住下来就不走了，更换的只不过是
往来的人脸与流动的货物

在这里，不能没有山，即使再矮
也要让石板路高低起伏
把清风撞软，在抬头与低头中拐弯抹角

我曾疑惑，这吆喝声里的麻花与小面
除了柔韧，纠缠与疏离
人们喜欢哪一种会更多一点

走在嘈杂街道上，我不时抬头

1 磁器口古镇位于重庆市沙坪坝区嘉陵江畔，始建于宋代，是嘉陵江边重要的水陆码头。

二楼窗户内有人在弹唱，却始终不见
有支窗的棍子再掉下来

冬晨所见

其实绿色是多样的
墨绿、黛绿、油绿、翠绿、草绿、碧绿
只要仔细去辨别，就能看出区别
就像这个冬末的早晨
我坐在田野边的高台上
远山的黛绿、槟榔叶的墨绿、香蕉叶的油绿
一览无余。特别是水田里泥水冰凉
枯黄的稻茬长出新叶
有不知名的野草，四处丛生，高矮参差
在春耕之前，它们同样争抢着
这田野的绿色

在青岩古镇

落日的余晖到底有多重
在青岩古镇

落在青石板路上的余晖是轻的
一次次地被游人踩碎，又一次次地跳开

灯笼上的余晖也是轻的

不然秋风晃来荡去，也不见有灯笼掉下来

木楼上的余晖就有些重了
它们安静地守在墙壁屋瓦上，低回流连

再重的靠在牌坊上，那个端庄伟岸的巨人
一生都在高举“升平人瑞”的大旗

更重的落进了城楼城墙里
残阳如血，这古镇的金盔铁甲，坚磐如昔

最重的落在我的身上，我举步维艰
四处环顾，却始终看不穿几百年历史的帷幕

窗　子

窗子是一个画框
框内的景色不断地变化
现在，春又回来了
景深拉长，绿色互相重叠
落在上面的阳光，又轻又鲜活
我知道随之而来的
还有花开和鸟鸣
我不去辨认春天的内容
我想窗子也是，它比我更坦然
不仅接纳了四季的变化
还对我多年的生活一览无余
似乎它得到了最多，而实际上
它一直是空的

回乡记

每隔不长时间
父亲总会打电话给我，说树上的香蕉熟了
香蕉的成熟是等不起的，几天时间
就会全部变黄，我一再
跟父亲说不用种了，吃不完，大部分送了人
他满口答应，却又像得了健忘症
隔三岔五，我还是往家里跑
这次成熟的香蕉树有些高
果实挨着了高压线，父亲有些惶恐
我们用了绝缘的长竹竿、木柄砍刀和绳索
小心翼翼，有惊无险
才砍下整穗香蕉。从那以后
父亲把所有的香蕉树都砍了，我长舒一口气
没隔多久，有一次我回家，父亲说
园里南瓜丰收，能降糖降压
当我站在瓜架下面，看着密叶间大大小小
长势良好的南瓜时，我知道
接下来的一段时间
我又该不停地往家里跑了

在春天，鸟鸣于晨

忽然有一天早晨
我在鸟鸣声中慢慢醒来
天刚蒙蒙亮，这悦耳的声音
我分不清是众鸟交流

还是各自独唱
它们不一定是在赞美春天
但我听出了欢乐
当然，春天里，欢乐的表达不一定用声音
比如种子发芽、树枝吐绿、花朵开放
春雨润物、春风十里
不知过了多久，鸟鸣声止
我走到窗边，看见空中浮着千丝万缕的阳光
墙壁接住了一些，草木接住了一些
晨练的人接住了一些
我伸出手去，也接住了一些

春天的新旧沟[1]

春天路过新旧沟田洋的时候
我也恰好来到
不过春天在低处
低到水田里，长出绿油油的稻禾
或者藏于沟渠，潺潺流水发出的轻喊
鸭子在鱼塘里追逐嬉戏
有农人在劳作，弯腰或抬头
他们也是春天的一部分
又岂止是这些
这么辽阔的田洋，春天的量词太多
面孔太杂，姿态多样
让走在阡陌上的我应接不暇
我猜想，其实最惬意的

1　新旧沟乡村湿地公园位于海南省海口市龙泉镇和龙塘镇，唐代被贬宰相韦执谊曾在此兴修水利，造福一方。

要算唐代宰相韦执谊，他的纪念亭高高耸立
一千多年过去，逡巡的春风
仍未灌满他的胸襟

留客村[1]

万泉河绕过村庄
断了陆路，却又生出水路
水路更长，既通嘉积城，又可出海，下南洋
走得越远的人，越想回来
就像越贫穷的地方，离开的人越多一样
村民蔡家森带上俩弟弟去了印尼
又岂止是蔡家兄弟
从古渡口离开当“番客”的众姓氏，争先恐后
硬是把故乡变成了侨乡
衣锦还乡时，多了异国的砖瓦
烽火中，人去楼空
落进河里的雨水，也淋湿了蔡家宅的院墙
台风总是弄花重阳古木的脸
一次重创之后，卢家宅至今还在风中喘息
光阴已逝，河流仍在
恍惚间，我也想沿着古驿道，穿过檐廊
走进古渡，泛舟、泛舟
只为渔歌唱晚，不为远走他乡

1　留客村位于海南省琼海市博鳌镇万泉河下游，拥有400多年的历史，有古渡口、古驿道、古树王、古宅等历史遗迹，其中以“蔡家宅”“卢家宅”闻名。

陆海峰

笔名海风，广州番禺人，1996 年毕业于中南政法学院（今中南财经政法大学）经济法系。曾任网络诗歌平台编辑、主编，多篇作品发表在纸刊、网刊，现居广州。

你来了

你来了
也许就是
一朵花开
一声鸟鸣
一次闪电
或一颗种子破土而出就能发现的事情
而我却看不见

你来了
就像一片树叶落入水中
几乎听不见声音，也看不见波澜

一朵花曾经开过，已经凋零
一只鸟曾经欢唱，已经飞走了
一次闪电曾经划破夜空，已经消失在世界的尽头
一颗种子已经扼杀在萌芽状态中

你来了
却不是我的春天

灯

一盏灯
发出光亮

有人朝着灯的方向前进

掉进黑暗里

有人朝着灯的相反方向
在黑暗中寻找另一盏灯

有人站在原地
把自己变成一盏灯

潜力股

股市在春天里
就像疯长的青草
一片绿色

年轻的两口子眼里冒着绿光
走出证券公司

他说，我们生个孩子吧
她用怀疑的眼神看着他：
不做丁克一族了？
不做了，总比在这打水漂强

他认真地看着她回答
她点点头

春天里的一朵花

经历寒冬的
历练和酝酿
你终于等到登上舞台的时刻
在暖风中含苞
盛开。一生的辉煌
在春光中沉沦
成为春天的囚徒

神秘果

入冬了
岭南依旧温暖
阳台上的神秘果树
枝繁叶茂，青翠可人
隐藏在枝叶间的果实
透红发亮
摘一颗来品尝后
再吃酸涩的水果
感觉甜美无比
仿佛立冬的暖阳
让人误以为春天已经来临
其实冬天才刚刚开始
而生活原本的面目
就像酸涩的水果
之所以能够感到甜蜜
是因为人类的智慧和创造

改变了味道
即使囊中羞涩
照样可以挽着包
享受路边摊的烟火

红　薯

在秋天
我将你束之高阁
没有土壤，没有水分
甚至没有阳光

窗外
秋气肃杀，黄叶满地
你却在书房里
静悄悄地发芽
在不经意间长成一片绿色

我惊讶于这一片没有土壤的生机
然后闭目沉思你之前的经历：
从土壤里拔起
去掉枝叶，被人收购
运到市场，几经辗转
最后来到我的书房充当摆设

现在你给人带来的惊喜
却是在一个新的环境
又一次重新出发：
在秋天里展示春意盎然

在书房里形成一道亮丽的风景

波罗蜜

不知是前世的修行
还是今生的福报
数量可观硕大无比的果实
树枝是挂不住的了
只能结在树身
已经结了很多果实
还在不断地长果
我有些担心树身的承受能力
这使我想起乡下
一位贫穷的母亲
生了五个孩子
靠打工度日
依然还想生育
我曾问她如何抚养
她很淡定：不用担心
每个孩子都有自身的福报
他们只是借我的身体
来到世间而已

端午，去看水中花

暮春，花落纷纷，春水伤逝

本应该是反省的时候了

谁知火凤凰却飞上枝头
树起喧嚣的大旗
一时间，蛙鸣、蝉噪
各类角色粉墨登场

世界迅速升温
有人夜夜笙歌，直至梦里不知身是客
有人策马江边
投江。亦无法探知河水的深度

有人悄悄转身
踏着晨露去看水中花
一个宁静的夏天
在莲叶中盛开

在人间

早晨的山庄
在鸟儿的鸣叫声中醒来
走出二楼的阳台
斜对面的绿道上有两只小鸟
在争抢撒落在地上的食物

这座临水的楼房
掩映在湖光山色之间
风景似乎很美
却有摇摇欲坠的感觉

春风与秋月只隔着一湖夏花
而风雨总是如期而至

一日的生计在晨雾中揭开序幕

十　月

落叶无声无息地离开枝头
像一根脱落的头发

秋风并无寒意
依旧吹着夏的狂热

该来的总会来
该走的总会走

尽管秋蝉总是极不情愿地嚷嚷
夜色依旧像潮水涌来

凉意瞬间淹没了世界
有人陷落在孤岛中

无尽的沉浮
而墓碑像一根蜡烛

点亮了孤岛
燃烧在黎明前的黑夜

脱发记

早晨，他对着镜子洗漱
发现头发日渐稀疏

网上说北漂不轻松
南漂，也不例外

每一个走出校门的年轻人
都朝着脱单、脱贫的目标

周一至周五挤地铁
周六、周日，继续挤地铁

高楼林立的城市
看不见广阔的天空

单飞的鸟儿
似乎永远飞不出这片丛林

一棵树从春天熬到秋天
不一定会结果实，但一定会落叶

镜　子

一块石头落入水里
镜子破了
镜子里的一切

支离破碎
余波荡漾开去
圈外的事物远离震中
圈内的事物煎熬、重生
一段时空汇聚成一面镜子
在书里重现

筷　子

少了一半，你就是一根棍子
也失去了筷子的功能

成双成对，是你的最佳状态
也是你的价值所在

脱单是你永远的追求
携手走天涯，是你终生的梦想

台面上的事
也只有你是能拿得起放得下的

你伏在桌面上，不动声色
暗窥玄机

但凡只要是你的菜上来
必能搅动江湖，风卷残云

你伸向的尽头，是无穷的欲望
是人性的悲哀

七寸六分的长度
正好戳中人类的要害

拈　花

他一只手
拈花
并没有微笑
另一只手
掌心插着一把刀
血滴像花一样红

风从远方来
到远方去
血滴
凝固在镜子里
从未转移
他的视线

画中人

春色
姗姗来迟

你在画中

成为春光的
证人

而画外之人
却在永远追寻
遥不可及的
春天

朱建业

诗人，兼写诗评，法律硕士，中南政法学院（中南财经政法大学）法律系92级学生，现居深圳。20世纪90年代初曾是武汉知名校园诗人，曾获武汉“樱花诗赛”一等奖、“一二·九”诗赛二等奖、2017年全球华语网络诗歌大赛第四期第一名、全国首届“大鹏文学奖”等，诗歌《你的长发为谁而留》曾被谱成校园民谣传唱。近年来在《诗潮》《诗选刊》《诗歌月报》《中国诗人》《安徽文学》《特区文学》《湖南诗歌》《参花》《火花》《深圳诗歌》《流派》《创世纪诗刊》以及美国《洛城诗刊》等报刊发表诗歌、散文、小小说、诗评，诗歌及诗评入选《中国百年新诗精选》《中国当代诗歌赏读》《2018年度中国诗歌排行榜》等几十个选本。著有诗集《月韵》《风灯》。

归

归吧，不要回头
如一块缄默的陨石
坚硬的必先粉碎，飘散的尘埃
必将在雨中，在回忆中
映射出光的影子
落叶纷纷，回归与季节无关
我们都是虚空中飘忽不定的那一片
尝试过轻盈，尝试过
握住枝头的青葱，尝试过
把绿色当作一生的信仰，却终将
尘埃落定

中年的早晨

晨曦洒满庭院
轻柔的阳光贴住额头
像爱人的手 轻轻拂去
未知的荫翳——
黑暗止于每一个黎明
蝉鸣　青草　鸟啼　霞彩
总会如约而至
世界寂然有序
万物沉默不语
而我　总是庸人自扰

让我爱上这中年的早晨

爱上时光刀刃上
这一滴
甘甜的蜂蜜

窗外的北京

窗外车流，在灯火的映照下
缓缓移动，不为谁停驻
也不会回应你的目光
奔波的人们，为黑夜
铺一条明亮的路
光抵达不了的地方
时间会停驻，每片夜色
都不被辜负，一如此刻
我在灯光下工作、看书
偶尔起身，看窗外的北京
在车流中缓缓移动
岁月之快，快过我的记忆
也慢过这个时代

朝霞：有关高考的隐喻

清晨，路边的垂柳
身披霞光，条条柳丝
闪烁着斑斓的晶莹
抬头，看到一道道

熬过寒夜的朝霞
像千军万马涌向这个世界
涌向河中那座桥——
似乎那是唯一的青云路
委身于命运的选择
就是没得选择
美丽的朝霞们，过了桥的
愿你们在云上展颜微笑
没有挤过去的，愿你们
如这一路的垂柳
低下头颅，仍向上生长

纯净的天空

心中有些惶恐
这些年，我不是悟空
却总在腾云驾雾
我不是神仙
却常常从我仰望的天空
飞跃而过
我凡俗的双手
抚摸着天空纯净的额头
我蒙尘的眼睛
和天空的蔚蓝对视
这是不是一种亵渎

小　满

天高云淡，众声喧哗
我以睡莲为床，与白云对望
时光很长，缘分很短
湖水尚未歌唱，暴雨携热浪袭来
风云变幻之际，雨停云散
梦里梦外之间，是寂静与虚无
麦穗初齐，桑叶正绿
美好的事物都被时光驯服
而我，一颗凋零之心
总能在你们的拔节中
得到小小的满足

真爱的样子

夜色中，你翩翩飞来
向我倾诉爱情
锲而不舍，如飞蛾扑火
空调、电蚊片和蚊香
还有我的掌声
都不能阻挡你的追求
纠缠了一整晚
我感动了，也屈服了
你痛吻于我
我奉献热血

清　明

夜色中，所有树木在吞吐
清风。我立于枝头，仰望明月
或许早已忘却，如何飞抵故乡
每个节日，都暗含改变岁月的能量
这人间的浮世清欢，转眼间
成了墓间荒草。最明亮的地方
能成就最黑暗的阴影
谁不是过客？众生仓皇
灵魂终将离开进入炉膛的肉体
无形无相，无死无生，无我无人
这苍凉的人世怎可久住？
且让泪水，汇入长流细水
且让怀念，接受物是人非
虚空传来丝丝缕缕的梵音
清风明月！可否渡我
成一片混沌

魅力湘西

我一直在思索：
一个“魅”字，如何与湘西
互为因果。是否有种神秘的力量
让彼此抵达
那苗族舞鼓，能否把灵魂敲得跳出口腔
《边城》里的翠翠，爱情悲欢能否
把灵魂清洗干净

那茅古斯舞，癫狂的旋律里
是否有诡异的星星在闪烁
赶尸人的皮鞭噼噼啪啪，那些没有呼吸的肉体
是否会酣畅淋漓地喊一声“痛”！

天门山

这扇门　云雾缭绕　是虚空之门
这座山　鬼斧神工　仙气氤氲
绝非人间元素可以造就
窒息生命的绝美　使灵魂轻盈
仿佛羽化登仙

皈依一条通天大道
古今幸有不二之门
门内门外　都是天堂

白洋淀的春分

开窗可见杨柳
垂下的万条绿丝
在春风中荡来荡去
湖水为之沉醉
直到皱纹渐渐生起
直到芦苇渐渐变白
原来美景也会老的

因为有爱
万物都会变老
我多希望我的时间慢下来
可以面对这湖水静静发呆
看着杨柳投在湖底的影子
从温柔到萧瑟
看着飞鸟在我长满枝丫的身体
筑巢——
喜悦和疼痛相依为命
看着春风扫荡着人世
分不清今夕是何夕

目送夕阳缓缓落下

首都街头
我望见绚烂的夕阳
在暮色中缓缓落下
往来车辆　耳边的风
皆止于浩大的寂静
仿佛一种告别仪式
历史染红的风采与冷峻
志在坚固内心
某种光明的传统
目送夕阳缓缓落下
夜色渐渐苍凉如幕

立春的早晨

浩浩荡荡的绿色
埋葬黑暗
天空还有半个月亮
它编织完那片晨曦
会悄然离去
春风爱这世界的沧桑
捧出鲜花、嫩芽和小鸟的歌唱
一片绿叶的纹路
引领着命运的轨迹
父母的坟头，“春风吹又生”
多余的杂草，无需收割
放下心中那把刀
我在春天立地成佛

必然之诗

这世界一切都是必然
必然是春夏秋冬
不会出现第五个季节
必然是生老病死
没有生命偶尔不死
必然是白天黑夜
不可能超越晨昏更替
必然是地球绕着太阳转
月亮绕着地球转
不可能反过来

必然是悲欢离合
不可能有超越人性的情感
如镜子里的我
必然不可逆转地
“朝如青丝暮成雪”
夜色，必然深不可测
如早已注定但不可预知的命运
心必然是沧海桑田
人世必然是苍凉如水
世事必然如大海
恣肆汪洋！尝到嘴里是咸的——
那是苍生泪水
汇聚而成的必然

木　童

本名李开华，中南政法学院（今中南财经政法大学）经济法系92级学生，现定居广州，广东金桥百信律师事务所合伙人、律师，金桥百信文学社社长。

广州地铁 4 号线

地下铁
如城市生了病
装上了疏通血管的支架

而 4 号线与众不同
如一条逃离支架的鱼
潜入城市的地下
从珠江口一跃而出
上下左右摇摆
最后一头扎进蓝色的海洋

狭窄油腻的城市
和我们
有幸搭乘鱼的肚子
从珠江游到广袤的海洋

高湖里的鱼儿

高湖与星辰缠绵
鱼儿悄悄穿行其间
它知道水离不开它

鱼儿的轻盈不着痕迹
甚过昼夜前行的脚步

塘里的鱼儿，高湖的鱼儿

正在交流时间和空间，高度和梦想

这个时候，只有
飞翔的鸟儿知道
它们从空中飞下，曾在塘边栖息
然后飞向山林，滑过高湖

于是高湖有了生命传说

夏天的淘宝村

夏天的淘宝村
一座巨大的船泡在水里
是摩托小艇的目的地

从一间间的窗口
伸出一根根绳子
放下已被钓走的鱼
钓起生活的诱饵

往下爬向另一个房间的
从另一个房间爬上来的
彼此陌生平行

夏天的淘宝村
一个男人或女人
与一对恋人的区别
在绳子之外拥抱

菜叶上的小小蜗牛

菜叶上一只小小蜗牛
和菜叶一起
被关在高楼的冰箱

我衰弱又明亮的眼睛
脆弱又温存的一双手
抱起它冰冷身体乘电梯回家

大地之上，夏天正在呼吸
我将菜叶一样的一片绿叶
当作它的急救病床

小小蜗牛
重回阳光照亮的自然
我们一起翘起生命的触角
不紧不慢爬行

蛙的心情

小区的池塘
一群游来游去的蛙
包括我的儿子
一只夏天崭新的小青蛙
打扮成蛙的模样
在水中欢快地划游

为了庆祝成为两栖动物
快递一餐“蛙来哒”吧

人真是奇怪啊
模仿蛙的优美
贪念蛙的味道

风吹牵牛花

八月的风适宜空旷的田野
孩子也是自由奔放的

天上四处流浪的云
被它捏成大片的棉花
悬挂在田野的边缘
最洁白的云朵
被织成网状的丝衣
四角固定　悬浮在半空

凌空濯濯的蓝色海洋
星星们陆续盛装划波而来
眼睛与眼睛闪烁说话
风轻声细语

风以不同的方向和力度
吹过水稻　棉花　黄豆
吹过玉米　瓜藤　树叶
吹过狗尾巴草　石榴花　青草
吹过上蹿下跳的牵牛花

紫色的喇叭花乐队
齐声吹响乡村的唢呐

牵牛花从河边爬到后门边
紧随其后八月的风推开大门
拂过灰白墙角母亲的容颜

秋风画了一片银杏叶作纪念

在北方
秋风将你消逝的消息
画成一片绝美的银杏叶
夹在我的旅行里作纪念

禾雀花

枝头的一群禾雀花
从不知的旧年飞回春天
停泊在向上攀爬的码头
彼此拥抱，头与头簇拥
窃窃私语，安静地睡着了
滑过的风声和脚步
打扰不醒它们的梦境

一只禾雀花一样的鸟儿
在不知哪棵树上轻轻啁啾一声

禾雀花便惊醒，兴奋了
它要一飞冲天与声音约会
却打不开翅膀，被藤线紧紧拉住

好似一段亲密关系
当我们彼此靠近，成为对方
却无法相拥远行，徒留悲伤

学做自然的学生、朋友吧
彼此相望欣赏，互赠衷肠
将我们的曼妙和气息
盛开枝头，翱翔天空

竹　笋

雨后南山的根根竹笋
端坐在地上，一座座佛塔
塔底深深埋入土地
身体由笋壳层层包裹
嫩嫩的头部向天空探头

地底修行的觉者
四面八方的根须吸收能量
空空的心态，一节节的力量
在黑暗中默默练成

春雨滋润
快快生长，越高越坚硬
天地之间

站立一个高洁的君子

灵溪水

南山
如一个大蜂箱
将栖息的雨水收纳
在坚硬的襁褓中修炼

在山的心脏
反复摔打和折磨
吸收草木和石头的养分
将雨水的混沌肤浅
去伪存真，酿成蜂蜜

溪水从狭缝中涌出
从高处山谷往下疾行
如一位清风中的美丽姑娘
身体透明，笑声爽朗
透过她琥珀的心
阳光照见河床

她已经长大
居于田野、湖泊、江海
成为大地清澈甜蜜的血液

谢华扬

笔名“老榭画诗”，中南政法学院（今中南财经政法大学）93级校友。先后履历深圳法官、上海律师、广州香港文化商人等。现被聘为中南财经政法大学硕士研究生合作导师和文学与法律研究所研究员、广东外语外贸大学特聘研究员、广东工业大学华立学院客座教授、中南大广州校友会“人文顾问”、广东金桥百信文学社荣誉社长、广东省营养健康产业协会副理事长、中国国际卫视中文台广东区首席编导。有“中南好诗兄”之美称。

朝圣滕王阁

油茶花
在光阴里揖别瓷都的垂柳
乘风而来
在赤红的土地上
栽下一颗虔诚的种子

风穿越
龙檐凤舞的古朴
青衫在南海的橹桨中落拓
文魄却一直丰硕着

让光阴可以回溯吧
你邀约杜少府于蜀郡
再来一曲知己天涯

朝散郎
六岁成诗九岁指瑕
一枚大唐帝国的不朽勋章
媲美李白的月光杜甫的草堂

飘荡的波光与倾斜的时光之酒
在鄱阳湖浩瀚潮汐里静静流淌

黄者归来

木鱼声声

敲击着寺庙琉璃与沉睡的光阴
沿着黑瓦的边缘
血脉中流淌银钩铁笔的肌肤
刻入古杏老迈的年轮里
秋意再也按捺不住慈悲
天凉的定义
落发如瀑缤纷如雁羽
红了柿的颜色
黄了秋的如意
在银杏和百香果的萧瑟交响乐里
仔细阅读虽败犹荣的主流风景
给最后一片飘零冠名
静候黄者归来
秋上衣襟

仰望恒星

一盏莲灯
在八月的经文里
燃烬光华

在晶莹里仰望
浩瀚的天空
一道慈光汇聚
灵魂和恩情皈依
成天边最亮的一颗恒星

山乡已经迷蒙
茶花更迭着祥和

把庇佑和爱植入苍穹下的家园

一盏风灯叨念着经幡
摇出漫天的禅意
梁祝送给青山
而祖德却永伫流芳
看着故乡山水消瘦
那田野和泉就真的老了

嘶哑的呼唤与哽咽的蛙声
舒缓着乡情
但蝉鸣里却听不到乡音
惟天尽头的恒星
慈和地挥洒爱和光明
桑林和菊花
盛开着轮回的心情

听　秋

秋风，秋雨
在山坡上梳妆
透迤的河流弹唱两岸花黄

远山，远水
黛汐的眉头惆怅
涂抹风光的画笔颜色抖落
让故事结痂几滴酱香

所有甜蜜的青涩的

有棱角的有风骨的
脉搏里蕴涵泉水的
都被时间作坊打磨成原始的模样
光滑的凉把捏远古的篇章

而秋云与秋叶的姿态
在秋水长天的景致里

充满主见的山河终于无恙
江山多娇
早已结出英雄的花果飘香

河流与红

我从高原来
一路风尘叩响你的窗
笃笃笃
木门里碎出红色的泪痕

庄重的仕女
在一本线装的手卷里
遮住了假山后的羞涩

秋凉没有发酵
鸢尾花却把夕阳拌得通红

多少年了
我还是想在那个河边
把柳条编的草笠插上两朵红花

戴在你马尾梢

与秋天正式握手叙旧

风惊落树丫上的金黄

秋收的汗滴
像黄豆一样闪耀着光芒
稻草人终于幸福地打烊
累了整季的耕牛
用白色的唾沫下咽着干草

丰收的稻谷
弯腰的姿态
深深向土地叩谢三趟

葡萄熟了穿上滴紫的衣裳
与一朵雏菊芬芳对话
像闺蜜一样结伴到山岗上舞蹈
秋歌在峰岭间穿梭
巧遇一场秋雨
怎么也浇灭不了漫山的枫火

秋月
在辽阔的苍穹里与一颗流云相约
把爱情的誓言托给地老天荒

秋水中打捞一块蓝天
安置在菩萨的莲花宝座上

人在云朵上打坐
与秋天握手叙旧
虔诚如昔
不计较尘世得失

壶　恋

沿着苦楝树的尾梢
洞见季节的变迁
而我只是偶尔把风筝放得高

而赶路的人
也只是把光阴煮进一盏沸腾的铜壶里
放牧蒸汽
任凭嗞嗞崩响的泉音
穿过五脏六腑
栽种在荒芜的心堤

老屋的灯火
循延着古旧的光明
祖先的目光凝固在族谱里
而我的脉搏
却依然昼夜不息咆哮在蹁跹纹路里

这样的季节
最好哪里都不去
用夕照煮一壶故乡的泉
采撷一朵白云下酒
老歌响起

秋叶和黄狗在故乡的老檀树下
细数丰收的谷粒和光阴

久违的约定

半枝莲蓬缱绻于池塘
半盏清茶冷寂于昏黄

一半光阴在指缝里堕落
一半心情在失落中迷惘

田野里
蛙声叫了一半就打烊
城郊外
情话说了一半就荡漾

人到中年
宛如半秋过往
诗意潦草了
烟火惆怅了
我俩约定
在山坡上一起放牧牛羊

今夜望着酒和故乡

那一年

我负笈远方
行囊里除了亲人的嘱咐
还有青涩的理想

如今
曾经的理想都已发黄
而多年前珍藏在心里饯行的酒
流淌在血脉里成了过往

回乡的脚步越来越重
老屋后面那眼泉长满光阴的青苔
只有门前的一条河
愿意倒映我的容颜
可是再也看不见当初清澈的少年郎

不知什么时候
就不敢在故乡多逗留
害怕听多了乡音
就是听不见父亲那豪爽的声音

今夜看到了酒
心里一直遥念故乡
那一坡隐居的土
埋藏着如酒的思量

冬　雪

南方的冬夜很短
来不及细数天际的脚步

晨曦就把人间拉进黎明

北方的冬夜却是漫长
可以打着雪的光影
看清冰河下游走的马哈鱼

梦回唐朝
我成了仗剑的侠客
或持书的诗人

或独钓寒江
用冰霄喂食给天空的飞鸟和蝴蝶
或打开一扇素窗
在折竹的声音里心忧天下
或用酒
稀释燕山雪花和太行冰凌
看金戈铁马醉渡黄河

冬天的曙光
照耀我回归现实
一夜祈福守望
梦里煮沸的那一壶冬雪
依然微温
忠诚地等候风雪夜归人

雕刻时光的故乡

光阴总是不知疲倦
在季节的复始中踽踽独行

布谷和寒号鸟首尾呼应
一只唱欢了山谷
一只唱瘦了河流
唯有那古老的石拱桥
总是蔓延着褐铁色的弧度
不记寒暑

一棵长了很多年的柿子树静寂着
偶有画眉虔诚光临
成熟的柿子如今渐渐失宠
老在岁月的枝头慢慢起皱

族人共有的祖屋年久失修
只有夕阳毫不吝啬地涂抹阳光
坍塌的瓦砾终归荒芜
把宗族的繁荣和兴衰
连同落叶和尘土埋藏祖德流芳
待到下一个春天
深埋的福根长出新芽

我静伫于村庄的川上
回望栽种童年记忆的田野
叠叠风霜渲染了双鬓的半生
光阴的刻刀如同河流
镌刻着年复一年的季节变迁
如今把我的步履刻成中年
而今天生日的孩子
正是我当初幸福吉祥的天真模样

禅渡时光

借着溯洄的黑洞
恒河的风蹒跚着星状的魔咒

长堤与漩涡之间
充斥的画面呼啸着迷离
狂风　骤雨　黑暗在交叉对视
伴随呼啸　汹涌　险恶的肆虐
如此氤氲的桎梏
潘多拉魔盒被打开

禅院的木鱼缓慢地敲响
晨钟暮鼓嘶哑回鸣
大能
在风化中黯然神伤
盘腿静坐　茶音如诉
在南国莲花山菩萨宝座里
禅渡一阙祈福的光阴

胡丹丹

中南政法学院（今中南财经政法大学）93级经济法系财政金融法专业学生，曾任院报记者、编辑，早年有小说、散文类作品发表于《中国校园文学》《南方文学》等报刊，现任职于某互联网集团，从事营销咨询工作。

春回故乡

我们从北方的雪野
穿过大半个冬天
回到故乡

桃花红　菜花黄

轰轰的车声
带着三千里仆仆风尘
走向你
故乡的春天

独居的老母亲
在菜园里
采着我们爱吃的
芫荽和菜薹

门前田野
无人值守的耕牛
吃草　静静悠悠

屋后山岗
先祖的坟冢上
春茶　摇摇曳曳

小溪水潺潺流淌
从沾溪　到资江
一去不回
带走这段春光

方　向

似迎头的雨
或菜里的虫
和厌恶的事情不期而遇

在无常的流光中
我看着那走失的灵魂
滑过边缘
跌入深渊

不要用一颗轻慢的心
去对待庄严的道德
上天大多数时候
会遵从秩序

即使在最浩瀚无援的远海
理性之帆
和太阳
终将引领我们走向正确的方向

人脸识别

镜头里暗沉的黄
色斑　和皱纹
塌陷的表皮
和隆起的眼袋
像故乡的山丘

每一层灌木
和每一层乔木
从一场接一场的秋雨中
进入冬天

那个在镜头里的人不是我
那不是
我标志性的圆脸
和白皮肤
家族传承的单眼皮
被黑框眼镜遮盖的忧郁
和
笑颜
都已被封存在
一段岁月
一段短暂的青春里

那个镜头里的人是谁?

摄像头　比我更熟悉
这张陌生的脸
我只轻轻看了一眼
便开启了
这一道隔阻的门

金刚般若

是居室里灯光的亮
是葡萄的甜

是月季盛开时的那种好看
是绵绵情话那种暖
是夏日炙烤下
风的清凉
是刀枪刺破的花
汁液散发芬芳

是试金石
乌云遮蔽时
晴空在上
众声喧哗时
平静通明

是剑的锋刃
断了虚妄

崩　溃

像爆米花炸开的一瞬
情绪肆虐弥漫
辛辣　苦涩　且疼痛

泪水沿着一条清晰的路径而来
所有你看不见的玫瑰　栀子
和你无从体会的心伤
在一个人的心田里　孤独生长

在这辗转难眠的深夜
我想向你倾诉

却失去了所有的言辞

默默无言
冷暖自知

九寨的月色

我想此刻
一定有一轮月亮
映照在九寨的水中
圆满
皎洁
清澈

风拂过红桦
撩动海子的涟澜
月影曳动轻纱曼舞
晚虫振翅
扑向这水里的灵光
波纹闪耀着
冰的蓝
翠的蓝
火焰的蓝
珍珠滩轻奏着素琴
把月色编织成洁白的绢帛

这里的一切幽微自在
无关太守们的赫赫功名
无关李白和杜甫

水和月

纯洁与本真的事物
在时间和空间里相守

粉裙子

每个夏天
打开衣柜我都能看见你
镶嵌了褶子花边的粉裙子

每个夏天我都想穿上你
等我瘦一点
等我白一点
等我悠闲一点
我就穿上你
搭配一顶活泼可爱的小帽子
像那些苗条漂亮的小姑娘

粉裙子
在衣柜里
年复一年
华丽如新

而故我随着日子褪色
青春的愿望
渐成奢望

再　见

四月　我们一起喝酒
那是星期六
还是星期天?

一杯
人们互相问候
心里还惦记着酒的牌子
和睡眠的时间

二杯
人们互诉衷肠
二十年的分离
一直看见你
在陌路的另一边

三杯
有人开始诵读
一首关于四月的诗歌
记不清谁突然喝醉
啜泣伤悲

后来我像是飘在空中俯瞰
看见你离开
这觥筹交错的宴席
你拂去前额上飘过的柳絮
转身说
再见

再见

徐阳光

中南政法学院（今中南财经政法大学）公安与行政法系95级行政法专业学生，曾任《中南政法学院报》学生副主编，现供职于湖北省某机关。中学时代开始写作，在《人民日报》《检察日报》《湖北日报》《诗神》《飞天》《萌芽》《中华诗人》《文学月刊》《中华散文》《辽宁青年》等报刊发表作品。著有诗集《阳光灿烂》，作品入选《中国朦胧诗》《中国乡村诗选》《中国校园诗选》《湖北诗歌现场》《名家笔下的散文》《最适合中学生阅读随笔》等选本。

渔樵问答

深山伐薪和逐水而渔
在生存与生活间来来回回

林木的青苍迥异于河水的澄碧
樵夫的流云不高于渔人的平湖

缘木求鱼是深山里的一种奢望
临渊羡鱼亦是水边的一种空想

十年砍柴怎样收获鱼的鲜美
结网捕鱼如何碰撞薪的火花

燃一抱干柴生一堆烈火
取一尾江鳞煮一锅鲜汤

水与火在这一刻开始相容
渔和樵围炉烹制甜蜜夜话

总有一些梦想等待着去实现
总有一种安排是最好的相逢

凭栏听风

这座城市十二座跨江大桥中
我最喜欢靠着长江大桥的栏杆
看江听风想想事

桥面平整宽阔
水泥砂浆的粗拙
远胜过新型金属的精细光亮
让人更愿意信任和依靠
让人总生出一些亲近的温暖

栏杆宽厚像极父亲的肩膀
各色痕迹恍若光阴的纹饰
隐藏着多少烟火人间
存在过又消失了的故事

风从蛇山吹来
又从龟山拂过
甚至比辽远的江面走得更远
风中的气息古老洪荒
很容易让人深陷于原始的忧伤

风一定知道这世间的很多秘密
但他从来都不说
始终保持着先知者的操守
实在被逼急了
偶尔压迫汽笛呜呜代答
留一江雾水
等待着下一次的风慢慢回收

水上的灯盏

欲坠未坠的乌金

是黄昏诸神遗落的口谕
以佛光普照的姿势
开启世间的另一种黎明

水蜡烛挤挤挨挨排列在水边
欲以天赐之子的身份
迎接天降光明的洗礼
没有激烈碰撞的相遇
徒有虚形的烛火燃不起人间的温暖
水波不兴的内心
注定无法点亮周遭的暗夜

江枫分时节红火
鸟鸣看季候献唱
面对不舍昼夜的流水
唯有渔火一往情深
千百年来一直燃烧自己
把别人的灯盏一次次地点亮
照耀着那些失眠已久的乡愁

泗　渡

在这条河上往来多年
慢慢发现每一次渡河
其实都是一轮自我度化

一苇渡江的神奇
野渡横舟的孤寂
无非是借山川风月

完成与彼岸的一次竞渡

我更喜欢
没自己于水中
像一条小鱼一只青虾一根水草
让血肉与骨骼接受河流一次次的洗礼

泅自己于一域
独自面对不可知的未来
没有任何的辅助
自己就是自己的对手

在流动中寻找方向
在力量里感受沉浮
在黑暗间沉淀内心
在阻碍处奋勇前行

与流水竞速　同鱼儿争流
泅然后渡自己

一个人的河流

一个人去了
河流并不知道

河流平静如镜
一丝涟漪都不曾泛起
长腿的鹭鸶在浅草边迈着猫步
她不在乎围观的人是不是少了一个

短喙的野鸭把头扎进镜子的深处
是在寻找还是回避
只有惊慌的小鱼小虾才知道

总有一些变化在镜子背后发生
总有一些悲伤永远都无法抹平
一个人去了
一些秘密永远流失在这条河流里
仿佛一切都不曾发生过

没有人知道二十年前那个滚落的铁轮
躺在哪个河汊的淤泥下开始锈迹斑驳
也没有人知道哪一丛鲜艳的芦苇叶
曾盛开过两个绝望的人悲伤的泪花

一个人去了
一条河流就会永远地消失
哪怕从来没有人能看见
哪怕连河流都不曾知道

仲春湖边雅聚

仲春的花木已初具规模
阳光开始有了微醺的热度
平静的湖面还没有蒸腾的雾气
看不见的蓬勃让人真切感受到
成长的命定和不可逆转

室内麻衣素衫和红袖长裙混搭

木质古琴与竹制洞箫合鸣
铁打的手碟竟然敲击出土陶的音韵
关山月渔樵问答广陵散
还有飘忽的檀木香
时光在这一刻
渐渐慢了下来直至停滞
仿佛重返魏晋时候的那片竹林
万物安静。连呼吸都不可闻。

是前世岁月的感召
还是当下春光的诱惑
青石莲池中的锦鲤突然跃起
安静断裂
搅动的水流如轻语　一声一声
冲击出某种不一样的味道

不奢求把此刻美好永远定格
没必要强行留住时光的流逝
在这仲春的湖畔
聚过然后就散了

我更喜欢青草收割后的清香

春风中的青草妆容精致
透亮纯净的绿是主色调
把大地装扮得不见一丝裂痕
温润的小家碧玉
恬静中总带着一股冷淡和感伤
已经没有事情可以引起她的波澜

唯有轻风的抚摸和大地的低语
高速飞旋的钢片碰撞着空气
锋利铿亮的寒光收割着青草
碎屑如青翠幼虫四处纷飞
清气似大地乳香随风四溢
太过精美的东西
修饰总是高过修辞
过于齐整的排列
形式往往大于实质
微风过去
碎散的青草香汁更加饱满
新鲜的伤口加剧了春日的诱惑
如野马爆发的力量
自然、浓郁、势不可挡
把一切衰败、颓废、寒冷击溃
仿佛成长，就是从一小截一小截的伤口开始

两只喜鹊

再小的鸟儿都有一颗骄傲的心
看她们的胸脯多么坚挺
两只喜鹊待在雕花床栏的梅梢
几十年了
饱满的胸部一点都没有下垂
自从喜鹊在这里落户
喜气连同那点点梅红就一直都在
邻家的姑娘来过又远去了
扎着羊角辫子的碎花衣衫
一件件新着又旧了

顶着吉祥的名声
深藏红尘的悲喜
喜鹊什么都懂
她们只是不出声
站在岁月的眉梢
喜鹊登高望远
江山辽阔覆盖了整片的天空
留白苍茫如无法回避的故乡

突然降临的灰鹤

站在破旧的屋檐下
一只灰鹤无声无息
突然出现在对面黛青色的瓦沿
让我瞬间被一种无可言状的情绪击中
年代模糊的灰鹤微垂着头
修长的身体稍稍前倾
姿势优雅态度祥和
澄澈的眼睛散发出慈悲的光芒
对视短暂恍如隔世的梦
凭空而来又悄然隐遁
深藏的秘密，让人不知所措又激动莫名
突然降临的灰鹤
就是一道短暂的神谕
闪电的光芒隐藏着未知的秘密
无声的寂静中饱含永恒的大美

侠客梦

现在的世界
天涯可以到处走了
剑却是不能再仗了
谁甘心把十年磨砺的锋芒
禁锢在窄窄的一方剑鞘
谁愿意让斩尽苍穹的光芒
黯淡在悠悠的岁月长河
长剑悬挂于素壁
剑光深藏于虚无
剑气却始终蛰伏于少年的热血
等待拔剑弹铗高歌的时刻
秋风走马鼓角揭天
梦里的吹角连营是回不去了
那就酌两三杯淡酒且挑灯看剑
美人如玉剑如虹
唤起一天明月和满怀冰雪
当箫声在月夜吹响
剑鸣会从心灵深处开始应和
千里孤骑看楼兰在大漠间盈缺
剑花不落任山河在名利里浮沉
事了拂衣的刹那
回首望去　烟雨苍茫处
不变的是再也回不去的故乡

胡海燕

河南信阳人，中南政法学院（现中南财经政法大学）95 级经济法系学生。曾任院报记者、编辑，现在百威集团法务部工作。

木棉花

春天的火炬，以霞光燃烧的姿势傲娇
满城的号角仰天而鸣
像盛开在空中的牵牛花朝着漫天的光亮——
红花顶着星辉，苍枝沐着月韵

而英雄的家国情怀与傲骨风霜
在挺拔苍翠的丰碑上写下的炽热传奇
留给世人反复吟唱

季节飘落了血脉里最浓烈的红——
用木棉花完整的生命
祭献苍茫大地，抚慰绿叶心灵

十字绣

斑斓的色彩从指尖
流出记忆、清溪与知冷暖的草木
不会迷路的季节随青鸟飞出秘密花园
立在枝头，鸣唱

居住在信阳家乡的母亲
依旧在思量着孩子们的衣裳
手中十字绣的针脚密于屋檐下的雨滴

我手中的绣线穿引的长长思念
跟随在远渡重洋的姑娘身边

邓向东

中南政法学院（现中南财经政法大学）农经系 95 级校友，现居深圳自主创业，从事文化传播工作。已出版小说集《斑马斑马》，诗集《鱼龙藏》等。

个人自述

如果小说是血肉，诗歌便是我的骨
深植于骨髓里的，是大雅小雅唐风宋韵
许久以来，总有一幕幕挥之不去的场景
听嵇康鼓琴，与子建阔论，同李杜豪饮
咏叹沉吟间，尘世已作桑田沧海
用最凝练的文字记录最多舛的命运
用最沉默的呼吸唤醒最刻骨的觉悟

虎门夜渡

车过虎门时，飘浮的星光发疯
回眸处，每一盏车灯都在控诉不公

你倦于现实，现实倦于死生
在这波澜不惊的海面
有人锦衣夜行，与时代背驰

我并不怪你
意外是发现美的窥孔
你不过关上一扇门
又开启另一扇门

想想生活
你有如勇士
石破天惊处
你对自己说：不疼　不疼

廖松涛

笔名木行之，中南财经大学（今中南财经政法大学）98级学生，现在北京工作。作品散见《中国作家》《绿风》《诗选刊》等刊物。著有诗集《漂泊的石头》《美若初见》两部。创办并主编民刊《北京诗人》。

傻　子

邻村有个傻子，见谁都笑
仿佛全天下人都是笑料

放学回家，遇见傻子，逗逗他
他的笑声很响

几十年过去，算算开心的时候
是与傻子对笑

洗　澡

小时候洗澡，只需一盆水
就能洗干净

长大了，无论怎样洗
总是洗不尽身上的脏东西

我羡慕朝圣的人，只洗一次
干净一生

中　秋

今晚，我和你一样
抬头看天空

月亮的引力很强
像磁铁，吸住全天下的思念

黄　土

黄土厚一些，埋的人
也就多一些

我相信，女娲用泥巴捏成了人
人最终变回一抔黄土

我发现自己只是个替身
替泥巴活了一回

冬　眠

盼着盼着，冬天来了
小熊摸摸圆圆的肚子
打了个哈欠
又可以美美地睡一个长觉

荒山野岭真好，没有信号
快递和外卖找不到

翻个身，大雪忽来漫天飘
眨个眼，春花开遍了羊肠道

云居寺

没有去过云居寺
就请明月清风，帮我看一眼吧

耸立的佛塔，让大地有了高度
几间殿宇，是白云歇脚的地方

秋日叶黄，施主一闪念间
便看见群山穿上了袈裟

泰山石

登顶泰山的人们
习惯捡一块石头，作为纪念
我曾像他们一样，不经意间
改变了石头的命运

它们历经千辛万苦

耗费一生的光阴
终于登上顶峰
只因一次偶然
重新回到平凡的人间

秦长城

风雨让坚不可摧的长城
化成了低矮的土堆

一阵风不费吹灰之力
就能把异域花香送过来

小草在土堆上繁衍生息
日夜守卫这里，遥望故乡

城墙下的累累白骨
终于可以瞑目了

它们滋润的小草，替他们
成了这里的主人

打荷伞的翠鸟

翠鸟爱起美来，打把荷伞
洋洋自得

有时，嘴上叼了一尾银鱼
像极了一根香烟

它啄了啄荷花，这点小心思
想借机涂点口红

武大樱花

樱花年年开得精妙绝伦
像大国工匠，一丝不苟

花瓣井然有序。早开的花朵
自觉为新开的花朵腾出位置

有腐败迹象的花朵，会被挤走
决不许污染整个枝头

树冠上的花王，严格遵守自然规律
花期过了，不敢贪恋一天王位

我与地坛

出了地坛医院，就是地坛
树木、建筑在门前排队、挂号

有时，我混迹其中，打水、买饭
时间久了，成了病友

我将被踩倒的小草扶了扶
被误认成了医生护士

我能缓解它们片刻的疼痛
可在时光面前，一切无药可医

山　路

老家封山。不几年山路便愈合了
没有留下伤口

对山林而言，我成了一个外人
再也挤不进去

野花野果野兽，都不想让我知道
它们太多的秘密

黄河还在开辟疆土

有溯游而上的鱼，像返乡的乡亲
年年回到出生地，产卵繁殖

鲜花草籽土壤，极易被河流带走

沿途播种，直至入海口

谁曾想到，东部肥沃的平原
大都来自高原流失的土地

写意张家界

太多的石柱，高耸入云
相互凝视，沉默不语

上天会有报应。竟无人信
告诫人间一次，就被天雷劈一次

历经劫难。不想跟人间
再说废话

萤火虫

萤火虫的屁股，被光
叮了一下

在黑夜里前行，出卖你的
是光

林绍徐

海南琼海人。2002年毕业于中南财经政法大学，获管理学士学位。毕业后服役于武警海南总队第二支队（儋州支队），曾到武警太原指挥学校、武警上海政治学院、中国人民武装警察部队指挥学院、国防科技大学培训、读研。2018年4月自主择业到海南富力地产。书法、散文、诗歌作品曾发表于《今日海南》《司务长》《海南日报》《基层整治工作研究》《理论探讨》等报刊。

乡　路

乡路，通往市
连着菜园和市场
天黑路远
母亲担着担，我跟在后头
担里装着全家的油盐酱醋
我惦念的是那碗骨头粉汤
云飘过天放晴
乡路湿了又干干了又湿
布满了大大小小的烙印

乡路，通向溪
连着亲情和童年
沙软草多
父亲走在前，我跟在后头
光脚丫踩出琼剧的锣鼓镲
我惦记的是河边的番石榴
看门狗拼命叫唤
调皮的小子换了一批又一批
留下了嘻嘻哈哈的乡音

这条路，通往小康
连着农村和自贸港
灯火通明
车来车往，人来人往
我惦记的是路变宽家乡变富
广场舞声响好大
田洋里的庄稼换了一茬又一茬
写下了父老乡亲的沧桑

带　娃

风起了，躺在沙发上不想动
咋没听见雨，风吹得吓人
说是热带风暴，窗外呼呼响
小女儿手舞足蹈
无聊，刷屏让人动都不想动

朵拉收费的
小女儿大喊，这是该换台了
是啊，哪有免费的午餐
我翻身起来，猛亲了一下女儿肉嘟嘟的小脸蛋
她咯咯大笑
还是带娃做饭吧

我想，待女儿初嫁后
我一定带你走天涯
潇洒浪一回

父亲的摩托车

125，父亲的摩托车
当时的标配
载着母亲，载着我和妹妹
座位弹性十足
那是最浪漫的事

日子一天一天过

父亲的脚步一天一天慢下来
125 也罢了工
静静地窝在墙角边，任凭蜘蛛网纠缠
不再轰隆隆，不再光鲜风采
抚摸车轮子，回味岁月的痕迹

这车呀，曾是吹牛的资本
风驰电掣得叫人醉，轰轰烈烈得让人飘
没有方向盘，全凭心的清醒
刹不住
便没了浪漫的回忆

春天来了

雨水来，春天至，风浪高，木棉花开
女儿说
春天来了，可以去爸爸家游泳了

立春了，一切都在萌动
田园里、山野上，绿的红的让人冲动
海面上的渔船逐起层层狂浪
突突突的马达声让人兴奋
春天来了，春暖花开
我晒着被子
拍了拍身上的灰尘
换双新鞋
走起

冰 客

中国作家协会会员，十堰市作家协会副主席。入选首届湖北文学人才。2004 年 6 月毕业于中南财经政法大学会计学专科，2016 年 6 月毕业于华中科技大学新闻学本科。湖北省作家协会第三届长篇小说重点项目签约扶持作家。作品散见于《十月》《诗刊》《人民日报》《长江文艺》《诗选刊》《星星》《芳草》等百余种报刊。曾获第七届湖北文学奖优秀文学编辑奖、第六届湖北文学奖提名奖、首届《长江丛刊》年度文学奖诗歌奖等。著有诗集《河西村》《乌鸦》《总有一条路通向故乡》，文艺评论集《文学场景与艺术表达》，报告文学集《真实的人生》等多部。从事新闻工作 20 余年，现供职于十堰日报社。

向着明天出发

列车驶过夜色
在铁轨上穿行
无论是穿越隧道
还是山川桥梁
都是为着一个目的
向着前方
向着明天出发

向明天出发
蓄足一生的昨天
让一切能量消耗殆尽
风雪和冬天都成为过去
明天
定会春暖花开

街道空荡

过年了
我们都候鸟般飞往乡下或老家
城市成为一座空城
街巷空空
只有行道树
将这条被拥挤而又被抛弃的街道坚守
仿佛它们是城市的主人

乡愁是过年最好的表达

城市的街道懂得
它们只有打工者在城市打拼时
才显得存在和高贵
那时才是繁华与拥挤的求生路
过年时，它们都会被
城市和乡下人冷落
只有两旁的行道树
与它们坚守为伴相依为命

街道空荡　城市冷清
副食礼品堆满两旁
等待销售
城市忧郁
街道伤感
城市的道路
怎么就成了乡村人生活的寄托与依赖
被利用却又被抛弃

做一株雨打风吹的树

经历风雨方见彩虹
就让我做一株
经风历雨的树吧
无论在何地都雨打风吹

坚强
是雨打风吹后的见证
经受雨打　历练风吹
让我这株树

在人间成长
做一株雨打风吹的树
是我的梦想

吹吧　风
打吧　雨
生活的所有磨难都可以如数来临
因为我已做好迎击
所有苦难的准备

树时常在风雨交加的大自然里
经历着怎样的风吹雨打都没有屈服
如故土在怎样的坎坷崎岖里
依然如故
为的都是迎来一个新的黎明

芦苇向上

芦苇总是向上生长
不是一株而是一片
长成一片辽阔的芦苇荡
风吹芦苇
飘动的是它们的絮
只有飘动才能呈现出芦苇的风景
身影虽然纤细而茁壮
但成片的凝聚却让它们享受
团结的力量

有诗赞

蒹葭苍苍
站在芦苇丛中
谁在等待一生的守候
那位佳人
是否在水一方

芦苇向上
无论再大的风
它也总是挺立起向上的力量
任风吹拂
让它展现出美丽的英姿

没有诉说
只是把那条江水守望
芦苇结伙成林
因为结伴才有那永远不倒的力量
再粗犷的风
也袭击不倒那
成片凝聚一体的芦苇荡

芦苇向上
永远向上
如茅　如箭
如大地上
迎风生长的阳光

城市地铁记

在城市的地铁穿行

我潜入在城市的底层
路面上的喧嚣与繁华
与我无关

地铁上
我穿行于城市
从这端到那端
遇到的都是陌生的面孔
高楼大厦与我无关
闹市与喧嚣与我无关
莫名的奉承与我无关

我常常在城市的底层穿行
路面上的往来争斗
戴着假面具般的笑脸相迎
都不被我关心

在城市的地铁穿行
我的来去和这座城市无关
我希望我每天
都能遇到这个陌生的世界
每一个站台
都将是一种新的生活
每一个站台
都会是我的一个新的起点

在上海人民广场地铁站

在上海人民广场地铁站

站内一位头发花白的老太
在打理着她的报摊
《扬子晚报》《新民晚报》
仅仅出售两种报纸

我猜想这个老太
一定有很多故事
她在繁华的上海都市
兜售就那么两种报纸
是打发她老年的时光?
还是期待什么归来?
零售一元　利润五角
销售所赚差价
是她一天的口粮

她可能养育有一群儿女
年轻时靠打工抚育他们
有的可能从政为官
有的可能工薪阶层
也有可能子女都在打工
她的艰辛写在面前待售的报纸上

我想挤过人群去买份报纸
分担她一份辛劳
可是拥挤的人流
将我推向了前方
当我回望时
密密麻麻的人群
却又阻挡了我的视线

深夜拾荒人

夜深人静
拾荒人比谁起得都早
仿佛要拾走那整条街的财富

街道两边
垃圾桶兄弟般
排在路的两旁
一站又一站

黑夜深处
一个衣冠不整的拾荒女人
目光在垃圾桶里寻找
寻找她视为一生的宝贝

垃圾桶内藏着万种表情
盛满她的欢乐、她的忧伤
盛满她的兴奋、她的叹息
更盛满她一生一世的幸福和苦难

矿泉水瓶拾起
废纸片带走
塑料盒纸壳一并装入袋中
鄙视地看看
垃圾桶内已无价值的废物
走入下一站

提着袋中沉甸甸的收获
走向黎明　走进明天
生活也因此向前迈进了一步

杨　波

1982 年 5 月生于湖北监利，2004 年毕业于中南财经政法大学新闻系，现居西藏拉萨。2002 年开始发表作品，在《芳草》《青年文学家》《芒种》《绿风》《扬子江诗刊》《飞天》《北方作家》《长江日报》《新疆日报》《工人日报》等报刊发表诗歌散文 300 多篇首，2013 年在长江文艺出版社出版诗集《梦想开始的地方》。

樱花发出了光

午夜。静寂。我不知道幽雅的声音
何处有一个缺口，悬挂宝石的天空
滑过露水切面，犹如星辰的抚摩
像青石一样停留

樱花发出了光。突然的凸起
轻轻刮拭内心的隐秘
我不知道樱花，会不会逐渐
回旋而上，石头般平静抬高

我看到樱花的光芒，与视线相遇
花蕾的圆鼓，沉陷内心的海
空虚，不可触摸
暂时的寂静源于黑暗的呐喊

樱花发出了光。凝固的弧线
篡改的面孔，不断轮回的宁静
一只蝴蝶的燃烧就在眼前
樱花发出了光，转瞬之间。

黑　夜

黑夜压住那片起伏丛林
黑夜使虫鸣放得更低，
河川继续下沉，城市的眼睛
陷入暗淡

黑夜还将推动一条河流
昼夜不息，在秋风中退远
那些倒伏的衰草，
退到轮回的起点

我认识黑夜，在一列火车后面
强大的动力带走忧愁
钢铁的轨迹，预示着深处
不息的穿透

我躺下身去，与黑夜一起倒伏
万物伸出怜悯的手
我咬紧牙关，在思想面前
默不作声

凹　陷

从天黑开始，他们置身黄土
向下挖掘，始终不倦重复一个动作
活下去多么不容易，那张流汗的脸
向下的力量继续沉淀

我听他们小声交谈
一块石头阻止了速度
这灵魂深处的梗阻，照耀大地
内在的幽暗和悲悯

向下是一条曲折的路

铁器的力量穿透石头的纹理
他们手上绽放的花朵
钢铁震颤预示着深处的强大

阴暗的地方默默承受力量汇集
如果继续向下，我突然担心
他们将刺破最后的凹陷
铁器掘出心底的煤

他们什么也没有说

多年以后，他们仍然坐在路口
等待一阵风，带走银白的头发
他们摸着风湿多年的腿
巷口的烟尘，迷蒙的眼睛像一只
凝固的蝴蝶

在春天补鞋，微笑着修理
一辆无法转动的自行车
在秋天吆喝烂掉一半的苹果
烟盒里已经没有了香烟
他们便写下孙子的橡皮和厨房的盐

往东是一条步行街，
他们在行人眼皮底下打盹，
和邻居打招呼，风声渐紧
他们念着亲人的名字
表揣在怀里，凝听岁月逼近

在乡下跳水、砍柴，筑坝挖塘
他们什么也没有说
在城里，一栋高楼的阴影裹着一身
的冷暖
他们低下头，专注于那口破旧的锅

青春的回忆

湖边握住一只鸟年轻的力量
羽毛的伸展止于停歇
很多年过去了，谁的手指
依然停留于鸟的飞翔

梦里，手高高地抬起，
那只鸟回到起飞的地方
温情的目光
一直陷于沉落

一片羽毛承受青春的重量，
内心沉寂，那水面细细的
波纹，只有一条小路
从此，由天空抵达

回忆深藏于心，生命的重量
缓慢聚集，鸟的光泽
与窗外梦一样的夜色契合
过时的泪水
途经的地方已失去痕迹

离开之后

离开之后，一匹马慢慢潜伏
身体里最远的路，任它奔跑
而泪水是马最亲的人
顺着往南的小路，一匹马
隐姓埋名

谁能为它找到那条
回家的路
血脉不是长久的阻碍
牙齿和头发是暂时的掩藏

如果马缄默不言，
没有人知道一匹马的位置
沿着梦境的高山、丛林
起伏的河岸而下
生命的过失被马蹄带走

血肉逐渐平削，骨骼失去棱角
离开之后，
一切都暗淡了下来，一匹马
将要踏上生命的归途，奔跑
但永不逃离

芦　花

深秋的芦花，随风起伏的背影

多么像一个等候爱人的姑娘
从未离开的地方
秋水上涨
也许，它的心里还有一段往事
与宽阔的水面对应

那些温情的话语，被秋风带走
起伏的人生，
依然柔软而坚强
没有人看到芦花流泪
也没有人知道它为何一夜白头
在水域深处，它的守候
令人动容

黄昏来临，鸥鸟南飞
芦花向苍天交出一颗
洁白的心
秋风渐起的日子里，
一个阵风的止息，也能让芦花
在眺望中，放下所有的
爱恋

深秋的河流

深秋，河岸还是原来的样子
草木枯黄，大雁南归
野菊小小的花苞，始终保持着沉默
与秋风对应的白杨
整个下午，都在谈论过往的

云淡风轻

一条宽阔的河流，从远方而来
放下了那么多的包袱
没有人知道他的过去，孑然一身的样子
令人怜惜
有时，怀抱一段发光的往事
静静地等待黄昏的落日

河流的内心，干净无比
清澈的水面，平静而安详
经历了春夏的喧嚣
在秋天的角落里
它只需要
听一段属于自己的歌声

深秋的河流，多么像岁月深处的
一道伤痕，
袒露阳光下的光影，
或者也有一副坚强的面容
就像我从不说话，却知道怎么与一条河
简单而从容地交流

那些花

等待那些花开
木棉花、槐花、梧桐花，都有一副
清秀的容颜，在城市，或者乡村
这都不重要，

重要的是白天与黑夜的距离，
只在转瞬之间

等待的时间那么漫长，
有人离去，有人在赶赴的途中
从春天开往远方的火车
坚韧的心，不惧风雨
那只蝴蝶，停歇在阳光的羽毛上
等待一阵风，吐露心扉

时光的轴线，读到了花开花落的
故事，有一些人在夜晚
就已放下了一生的行囊，
花瓣的分量，只在心间承受
那个等待花开的人
从容、安详

我爱的那些花
在清晨或者黄昏，低头不语，
每一片花瓣上
都有夜晚留下的痕迹，
在微凉的晚风中，
留下思索的背影

城市中的缺口

这是一个宁静的夜晚，我觉得灯光
是无辜的
城市高大的楼宇之间，身影闪烁

那条窄小的缝隙，只能容纳一个中年男人
侧身通过

距离难以把握，就像一个人的身影
被灯光拉长
而矮小的内心，总是小心翼翼
从远处火车的鸣笛中，其实可以听出悲伤
又一个哭泣的人离开了

在城市中的缺口，等一阵风吹来
也许，那些丢失的东西
会失而复得，但是谁都不会在意
被风吹痛的脸，以及那些走过的路

总是要往前走的，再小的缺口
也挡不住眺望的目光，不是还有路灯
一直向西，指向远方吗，
侧身的人与一阵风相撞，
也许意外，就在不远处

顺着风的方向，也不必假意从容
城市中的那些缺口，
注定在天亮之前关闭，背着行囊的人
从夜晚出发，梦想就已抵达终点

放　开

放开那片羽毛
让它退回天空，成为一只

飞翔的鸟
让它的眼底恢复惊恐的
血丝
让惊雷击中它
让它露出白骨森森的躯体
像离弦的箭

放开那滴清泪
让它落到大海
最深的地方，潜藏巨大
的哀伤
让它深入下去
与所有的伤痛一起
埋葬

绳　子

绳子被风吹动
绳子上面
一定有一个灵魂

左、右晃荡
的灵魂
向上爬，沿着绳子
沉默不语的灵魂

被风吹动
是谁的灵魂。守在窗口
等候天亮的绳子

或灵魂

解　开

把衣服解开
把皮肤解开，把胸腔
骨头、心脏解开

最后那一滴血
那一滴跳动的血
藏在深处，低语
梦呓都无法触动
一滴血的弧度

如果那一滴血
也被解开
由红而白的色泽
保留世人原始的泪腺

庄公子

原名江黎，笔名庄公子，湖北仙桃人。中南财经政法大学新闻学院2004级学生。

天不惊，地启

我比雷霆提前入世
雷霆却比我沉默
我体内的轰鸣唤醒了一部分恐惧和自己
除了眼睛，它们需要天来开启

雾有灰光，霾有黑光
云的白经常缺席
巢在跌落，石在迁徙
微小的呼吸流成漩涡
一个模糊不清却发出钝响的世界
如铁做的蛹，浴火才能蝶变

而锥形的真理在被拆散成不相关的字
隐藏或者扔向各方
异乡的花衣吹笛人用音乐召集了残骸
电光石火从地上升起，又砸向大地

医　嘱

请避开阳光保存自己
但月光和星光不必忌讳

请不要迎合冷风，一切冷的水
不要试图温暖它们

请多尝试苦味，于你更合时宜

请远离海鲜与可疑的荤腥，你需要确定的素与清新

请不要期待太多春夏的花草和秋冬的果实
请不要麻醉自己，粮食的精髓过于鲁莽
请善于洒扫庭除，乐于逐出旧物上的地主

请不要密封自己
在灰色与幽暗中，也要保持开——心

请深情地看待这片异土
毕竟它一直想征服你，而不能
最后你得到的，都是命运的赠予

夜色里

会有一刹那，太阳做小伏低，人间突然散去
不忍看。随后再次聚拢
聚拢，海洋下最深层的腥味翻起来
缠绕两百米高处的佛堂，密不透风

这冷静的后面，矛盾无处不在
闭关了一日的星星们全体出席
就为了观摩睡眠这个简单的动作
会有赠品漫过人间
那些梦，不经过包装，飞向高处
被选择的那一部分，将在天亮时被人们遗忘

越有光，夜色在窗前越重
五两的黑缱绻着，比梦重一百倍

比我重一万倍
要看星星，必得留下头破血流的伤痕

不要入睡
会有梦的残骸从星星上砸下
坠落在人间，接住一个是一个

秋太深

秋天令人目盲
万物都被挑出金边
佛是，魔是，我也是
扯不下来
是美好的记号

光持续沉降　深入泥土
动物和植物们都在做最后的攀爬
那时候的退缩和倒塌会更有力度

高楼已经高过了高山
却尚未高过秋天
我看见金风正在楼顶借力
一只凤凰跃起，却被天幕狠狠地抽下

李 凯

湖北荆门人，高中开始写诗，2011 年毕业于中南财经政法大学法学院，2015 年开始在《诗歌月刊》《长江丛刊》《作家林》等杂志上发表作品。现就职于武汉市江夏区应急管理局。曾获得第五届荆门文学奖诗歌优秀奖和沙洋县首届内方文学奖诗歌优秀奖。

融　化

雪一边下一边融化
仿佛有人来过
却什么都没有留下
融化也是一种变化
于无声处悄然发生
特别是在下雪的黄昏
让我融化的
除了雪之外
还有蒙蒙亮的街灯
还有伸向天的树杈
还有襁褓里的这个人
透过玻璃上的雾气
我看到了融化的过程
就像有人
在雪地上写诗
写下的字迹慢慢消失
最后没有留下一个字

还乡偶记

秦琼和尉迟恭两位大神
还帮忙把守着老家的大门
去年春节，父亲也加入了他们
门楣上熠熠生辉的“十星级文明户”铭牌
早已星光陨落、锈迹斑斑，只剩下
“遵纪守法、勤劳致富”这几句铭文

门前荒草丛生，隔生的皂荚和槐树
已经花繁叶茂，父亲亲手种下的枇杷
香樟和兰木，也是郁郁葱葱，站在枝头
歌唱的鸟，身姿似曾相识，我已不熟悉

麦　浪

这一季的冬小麦快要熟了
麦子在春雨中接受了
最后的洗礼，她们经历了
出苗、分蘖、越冬、返青
拔节、孕穗、抽穗、开花
灌浆，普通又漫长的一生

她们躲过了倒伏病和疫情
却逃不掉被收割的命运
其实最好的时光就是现在
她们仍然肩并肩站在一起
雨过天晴时，针尖对麦芒
晚风微醺时，奔涌吧麦浪

春天是哪一天

我爱春天，因为春天
会放每个人一条生路
山上的枯藤长出了新芽

水边的稀泥里孕育着龙虾
在被麦田环绕的新坟地
也有两棵吐露绿叶的小树
一只顶小的蜗牛，沿着
其中的一棵奋力攀爬
它伸出触角，茫然四顾
我独坐窑台，像只动物

匹　夫

我曾在天上牧马
逐水草而居
在云端写诗
但寒潮席卷
夺走了一切
只剩下我和群星

怀抱两捧野花
再套上两匹骏马
我天马行空
一路踏蹄而行
趁春天，从天上
又回到了人间

系在湖上的绳

船停了
风还没有停
人走了
湖还留在原地
在长湖边
一个叫沙洋的地方
暴雨将至
船上的渔民
纷纷上岸
临走时
用缆绳系紧
一条条空船

蜻蜓飞走了

开会的时候
外面正在下雨
蜻蜓飞了进来
像是一架直升机
它突突突
飞到我的眼前
又突突突
拐了一个弯
在空中展示了
它完美的悬浮技
没有人为它鼓掌

也没有人注意
它什么时候离去

青蛙和知了

城市夏天的凉夜
并没有治愈所有人的失眠
把马达声和车轮声
从这条路上拿走
把疲惫的喘息和幸福的鼾声
从这张床上拿走
把时钟的滴答声和时间
也从这面墙上拿走
只留下纯粹的蛙鸣和知了声
在你的耳边此起彼伏
青蛙藏身在隐秘的角落
为这个迷人的夜晚发声
知了就住在外面的杉树上
下雨时，它们尖叫
太阳出来了，它们继续尖叫

折耳根

九月十日的晚餐
母亲最后端上来一盘
父亲生前最喜欢的菜

凉拌折耳根，他偏爱
大自然中那些奇异的味道
比如苦瓜、秋葵和大蒜
说实话，一开始我是抗拒的
为什么不是音乐、诗歌和摄影呢
现在终于能躺下来
心平气和地谈谈了
父亲，我也为生活所迫
我也爱上了折耳根
我现在就是这些草根本身
加一点生抽、陈醋和盐
期待生活有另一种可能

角色扮演

去青山深处扫墓
再到观音岛看观音
漳河水库风雨交加
而观音沉默不语

雨是正版的春雨
风是不正经的春风
沿着清明这条老路
将我们反复抽打

在诗人和酒鬼当中
还夹杂着两条狗
谁是归人，谁是过客
谁又是一场春梦

秋天不是必需品

秋天不是必需品
没有什么是必需的
沿途我们饱览了
红叶的红，蓝天的蓝
和白云的白；沿途的风
不停地为我们加佐料
遍地的野菊花
随风舞动的芦苇花
还有掉头发的对节白蜡
这些都不是必需品
在一座石头垒起来的
房子面前，秋天
不过是一个明亮的瞬间

剑　钧

原名李建军，山西晋城人，系中南财经政法大学刑事司法学院侦查学2009级硕士研究生。2012年7月任教于铁道警察学院。

耳朵里的世界

黑夜吞噬了色彩
只留下听觉
耳朵变成了眼睛
心是一盏灯
告诉我
前方是绵延的山峦
山无言
山风替她诉说心思
水倚着山
捎来远方的问候
带走对大海的痴恋
天地间的生命
静静地
用耳朵感知世界

阁　楼

小小的阁楼
砖瓦垒就
水泥外墙
和楼顶的阴云同色
摇曳的烛光
犹如萤火
恰似星辰
那是离梦想最近的地方

廖佳平

江西新余人，2013 年毕业于中南财经政法大学信息管理与信息系统专业。平常比较喜欢运动、摄影及诗词创作。目前就职于德勤管理咨询有限公司。

海　水

海水漫向远方
敲起节奏的波浪
每个人
都是心灵的孤岛
在海浪中彷徨地沦丧

夜色中的大门

黑夜一无所有
黑夜拥有一切
灵魂在空洞之门徘徊
出去难以解脱
进来依旧苟且

不　眠

灯光撕碎了夜之美梦
留下树枝斑驳的幻影
小雨淅淅
声声虫鸣
奏一曲夜的葬礼
送给未眠人听

汪少乾

湖北赤壁人，中南财经政法大学新闻与文化传播学院中文系汉语言文学专业 2013 级本科毕业生。

雨　落

城里下了一场雨
遮住远处喧嚣的街道
一辆巴士迎面而来
挡风玻璃上流着生活的琐碎

风像个小情人挽着我
在耳边呢喃每一滴雨的由来
车站见惯了分离的眼泪
有人在等待重逢

一只鸟从树梢匆匆飞出
打断了春日的思绪
雨落进胡同里
消散了行人的来来往往

雨落过后
一株绿芽破土
风中传来自由的颂歌

发　戒

剃刀在忙着收割
一缕缕青丝
倒在了满是尘泥的地上
叹息，或悲哀

似曾相识的面孔
沉默在经殿的檀香里
精油在额角停驻
微闭双眸
眼泪从我赤红的眼角消散
圆满，或苦难

手中那一丝牵挂
断裂在菩萨的叹息中
欠着人世的恩情
我都记着
剩下的都扔给了空门
悔恨，或静默

长长的仪式结束
修成了头顶上的九个戒疤

五月过后

还没睡醒过来
五月就溜到了生活面前

走过每天的石桥
石栏上的三角梅依旧盛开

街上的人来来往往
一个女孩轻快地跳过了红绿灯
房子里的男人准备搬家
想着也许明天她还会回来吧

五月过后
我在期待另一个四月

故里清晨

清晨，在布谷鸟的歌声中苏醒
阳光慵懒地照进我的眼里

炉子上，锅里冒着呼呼热气
一个女人在厨房里忙碌她的早餐

院子里，一片叶子从高高的树上落下
几只母鸡在啄着地上的谷子

篱笆外，老叔牵着水牛从门口走过
留下一连串的铃铛声在空中

闭上眼，时间忘了流动
在这一刻，神明称之为永恒

悬崖上的歌声

诗人的风
穿越海洋和森林
找寻它自己的歌声

飞鸟和鱼
告诉天空和大地
追寻他们所爱的自由

孩子的我
坐在悬崖的边上
望着眼前的一望无际
歌颂人类的未来

石刻匠人

一锤一锤地凿
云纹，团纹，各种样式
老人忙着手里的活计
身后是刻了一半的神像
菩萨从石头中露出了半个头
神龟驮着一方方
企图千秋万代的功德碑

中年男子匆匆拖走了一块墓碑
那是放在我祖父坟前的
用以铭记他光辉而伟大的人生
落款是不孝的子孙
还有几块碑只有简单的名字
甚至有一块只写着“英雄”
就这样遗失在尘封的历史长河里

我不知道什么时候

会有一块属于我的碑刻
我的子孙会如何评价他们这位
庸庸碌碌过了一生的前人
凿刻了一辈子的石匠会不会有一天
提前给自己留一份“杰作”
也许到最后，空空的两手什么都没剩下

回过头，我看见
石刻匠人抽了一根烟
在一片祝福中继续开工了

墙上芦苇

阳光照进我房间的纱窗，沉默着——
沾上了三分慵懒，七分沉醉
我开始打量周围的世界，迷糊间
一抹绿色吸引了我的注意
那是伊甸园之东的颜色
亚当和夏娃遮住身体的标志
街上一辆清洁车快速开过
工人拿把剪刀在花坛里快速游走
好多枝条被放倒在地上
有个小孩随手捡起来一截……

这时母亲敲了门，我睁大眼睛看了看
哦，那是一株绿色的芦苇
最近才被挂在了墙上

汤玉婷

湖北孝感人，中南财经政法大学汉语言文学专业2017届学生，目前在孝感工作、生活。

我想要我的诗句像钻石

我想要我的诗句像钻石
闪耀、迷人、无坚不摧
可在过去的一年
我存下的仅有一声叹息和几滴热泪攥在手心
松开了是懊悔，握紧了是卑微

我听过曼歌　背下的却是唱错的词
我遇见骄阳　画出的却是如墨的影子
我闻遍花香　忆起的却是萎谢和枯枝

对不起，我造不出钻石
只能捧起一把故乡的黄壤
用心底的火将它烧成一只瓦缸
再抬进摇摇欲坠的老院子里
接住一场又一场春雨和夏雷

软　肋

不需要第一缕曙光
不需要复行数十步豁然开朗
不需要久别重逢后互诉衷肠
不需要太漫长的守候
不需要牵手和温柔
不需要求而不得或得而不惜
只需要一个渴望幸福的念头
你便有了软肋

杨姜维

笔名杨家酱，湖北荆州人，湖北师范大学统计学专业本科生，中南财经政法大学 2014 级经济统计学专业研究生，现从事高校教育工作。

晚　风

大树偷听了人们的秘密
再把秘密贩卖给晚风
一株来自外星球的葡萄藤
穿了新衣
绿色多衬夏天啊！
还有你微微摆动的纱裙
地面凹陷
一只猫落荒而逃
有个妇人
她给朋友打电话
她沿着这条路来回，来回
转角的灯异常闪亮
红色，蓝色，交替变换
我想要的是
你的影子陪我散步
把想说的话说给你听
此刻，若你也在思念我
让月亮知晓
让夏虫鸣唱
花瓣飘落，你的心事无关痛痒

六月的雨

大雨为自己定好了闹钟
总是在下午两点半之后准时降落人间
一声惊雷，恍如隔世

雷公乐于在天上炫耀他的本事
六月多情，雨水放肆

一辆电动车疾驰而过
路面留下了浑浊的水，以及
人们的抱怨声
这条路又换了新的减速带
又宽又长

傍晚时分
大雨或许跑到别的地方去表演了
晚霞多妩媚，盛装出席
一抹红晕定在高楼的身后
倘若你走出屋子，站在阳台瞧一瞧
你势必会爱上这柔柔的晚风

大雨无情敲打六月
这季节多隐忍
这季节多潮湿
把人间的一切交予一场暴雨
就让它兴风作浪
就让它落地生长

给我的孩子取名

我的孩子，他该有个响亮的名字
我查遍所有古书
搜索了众多网站
想给他取个好名字

这个名字
别人一听就觉得顺耳
也能记得
但是，这个名字又不能太大众化
也不能采用生僻字
我希望在他不开心之时
想起他自己的名字
他也会笑一笑

我亲爱的孩子
你如天使般降临人间
你无邪的笑容足以化解我所有的不安
我该给你取一个漂亮的名字
看着你一天天慢慢长大
我会在你耳边，为你读诗
把我写的每一句都读给你听
我将告诉你名字的由来
你的名字
一定是一首诗中的词语
温暖，响亮

出　嫁

今天该是个喜庆的日子
因为小姜出嫁了
小姜嫁到了广州
而她的娘家人没有来
父母，姐姐，其他亲戚
一个都没有来

出嫁前一晚，小姜哭了
她给母亲打电话
母亲在电话那头，也忍不住掉泪
母亲说，不是她不想来
是路途遥远，来不了啊！

凌晨五点半就开始化妆啦
晚上睡得迟，又早起
化妆师给她涂脂抹粉
新娘子的眼袋明显
怎么遮也遮不住呀
穿上大红的秀禾服
戴上金色的发饰
怎么着？
今天，至少要高兴一回呀！

九点半，摄影师、录像师就位
陪嫁的姑娘们都是新郎的妹妹
个个生得水灵儿
小姜房间被她们贴满了喜字
十点半，新郎官来酒店接亲
还带来了众多亲朋好友
玩游戏，念誓词，唱情歌
很快，新娘子就被接走了

十公里的路程
放鞭炮，跨火盆，进家门
给公公婆婆敬茶
婆婆送给小姜一对金手镯
中午吃完饭，卸下晨妆
换上闪闪的白婚纱
参加今晚的婚礼

小姜踩着不合脚的婚鞋
轮流到各个饭桌敬茶
大琴姐教她一句
她便说一句
亲戚们塞给她各种红包
晚宴总算是结束了
宾客散场
这一晚，小姜都没怎么吃东西
等到明天，她计划着
收拾行李，回到湖北老家
再办一场家乡的婚礼

你爱不爱我?

你爱不爱我
关于这个话题
你未曾给出正面的回应
到底什么才是爱呢?
你陪我走过的路
一起看过的风景
排很久的队才吃到的一块鳗鱼
是一杯 5 块钱的草莓冰激凌
甜甜的晚风吹进我的心
月亮是天空的情人
你不要说那些难听的话
请你多夸夸我
学会浪漫
学会，买一枝花送我

高 昌

2017 年 9 月—2021 年 6 月就读于中南财经政法大学财政税务学院税收 1701 班，主修税收学专业。业余爱好古典诗词和现代新诗。

1874

音乐摁住暂停
麻木地摘下耳机；
有意的歇斯底里，
抵不过房间一个人的孤寂。

一个世纪后的我
误会了一百年；
一百年前的你
错等了一个世纪。

我不是孤独，
谁又是时光的过客，
在一抹斜阳下，
留作泛黄的记忆？

逛　街

街角左，街角右
转了又转；
商场东，商场西
看了又看。

顾客甲，顾客乙
穿了又穿；
店主丙，店主丁
换了又换。

从早走到晚，
空着小口袋。
我看见了幸福，
它在橱窗里面。

日记本

记下清晨的第一声鸟鸣，
那被破晓带走的
是儿时离奇的梦；
那被阳光唤醒的
是新的一天，新的躁动。

记下人生的种种抉择，
那被遗憾带走的
是不曾涉足的幻想；
那被命运赠予的
是失意中的担当，
是求索的坚持与倔强。

记下千万种放弃的借口，
也要承认唯一热爱的理由。

晨晓交响曲

簇簇海棠，托着萌生的新蕊；
团团露水，沾湿躁动的空气。

风倚着蓝色的窗棂，
阳光在叶尖悄悄地跳，
长椅上的盲人哼唱小调，
划破沉寂，划破静暗。

晨晓褪去睡意，
夏荷左摇右曳，
偷走行人的背影
难得露出妖娆。

生命的狂欢，在此刻达到高潮。

张　宇

湖北宜昌人，中南财经政法大学2019级新闻学研究生在读。

活　着

睁眼即一片浩渺
没开化的婴孩挤着五官
赶吸着乳汁混沌而去
也是好的
清醒的人看破寂寞长途的痛苦
还得找根隐形竹条
从思想深处贯穿
便也得渡

旧时女人

奶奶姓周
“你看对山上我老家的烟花放得多响亮”
除夕夜她开心跟我讲
“对山是您周家老院？”
“哪儿呀，是我们张家老地方”
哦，奶奶姓张

空　白

滴了眼药水在床上躺着
一会儿滑出来一股
不知道是药水还是什么

接着一股又一股
我知道不是药水了

我

我是一个装饰品
金鱼眼睛一样薄薄剔透的皮是我的纤柔外壳
你要小心对待
稍微一点外力皮就会破
流出里面的维生素E
但你仔细看
金灿灿的液体里
有钻石般坚强的子

爱情旅游

将一卷缤纷的画放进背包
经过漫长的时间小镇
喜欢一个个跳出画卷
逗留下来　成为居民
画卷成了透明纸和隐隐的数字

蹬厚底的靴　裹皮的外套
手捧指南针　偶尔用铅笔写写画画
旅行客是这样的

要永远保持单纯的心啰
刚挑好裙子的奶奶满心欢喜地说
走在旅途的任何时候
你才总那么幸运邂逅送你艺术画的人

通感机器

何时发明一种通感的机器
不用绞尽脑汁又急迫地表达
不用担心表达中的情绪降温和偏离
同样的感受、欲说还休都能准确传达给另一个人
没有失真

刘兰珍

湖北蕲春人，1960 年代生人，毕业于武汉大学新闻与传播学院，现为中南财经政法大学新闻与文化传播学院教师。

流星之夜

英仙座流星雨爆发之夜
想象
流星一颗接一颗
划过天际
世界
明明灭灭
不相信　转瞬即逝的事物
能带来好运
纵有天花乱坠
也比不上
那思念的人
在身边
睡得安稳
就算流星划过窗前
它的光芒
亮不过
黑暗中　温柔的眼神

心爱的事物

走在九孔桥上
感觉　湖面突然起了
一阵小风
仿佛　还夹杂了几粒
久违的雨星
造成了秋天特有的

一丝凉意
漫长的干旱之后
这似有若无的雨
滋润不了
久旱的草木
而桥下的荷叶
轻摇满湖的田田
心爱的事物
无惧季节的煎熬
自顾自地美丽

月牙泉

彼时，阳光安静
芦花轻垂
骆驼行走在
鸣沙山，曼妙的曲线上
注视它，便忘却
周遭的漫漫黄沙
是被时间粉碎的
坚硬的火山岩
这一弯细小的泉
或许是
被困住的潮汐
回不去大海的遗憾
好想靠近这安静的蓝
尝一尝水中
有没有大海或眼泪的咸
看一看，泉水之下

沙漠前世的
惊涛骇浪
日月星辰

胡杨林

即使　我可以
像菩萨一样分身
也看不完世间的
一切风景
纵然　把所有颜色
都穿在身上
也比不过大地的
色彩斑斓
所以　我想
以本真的模样
和你一起
静坐须臾
看最美的秋风
吹拂最盛大的胡杨林
为我们镀一层金黄
那　将是季节
给予漫长煎熬
最好的奖赏

徽州梦

其实，我也不是一定要到徽州
只是想找一个有故事的地方
在古旧的背景中
名正言顺地
做俗套、有质感的梦
到了徽州
秋深　露重
霜未降
马头墙外，青石板上
我还是我
梦还是梦
没有你
梦里梦外
眼朦胧

省博看展

看似　我们和那些安静的物件
只隔着一层玻璃罩
其实　彼此之间
隔着数千年　甚至
更久远的风尘
它们不言
自有力量
我说得再多
亦是空言

我们
没有可以凝固的高光时刻
没有未来
也回不到初始
多么伤怀

访知音公园

我　不太相信
石牌坊后面
圆形攒尖的土冢里
实有其人
以及
流传数千年动人故事的
真实性
但我依然　对着土冢
三揖　恭恭敬敬
因为　我相信
遇见　懂得
是一种美好
所以　我还记得
那年春天
你一笑
如春风十里
被阳光加持

夏　雨

湖北天门人，1966 年 7 月来到此世，现隐居潜山。20 世纪 80 年代开始撰写诗歌，先后在七所大学学习、工作。东南大学经济学学士、武汉大学法学博士，中南财经政法大学法律与文学研究所所长，出版专著多部。

月亮湾

追随一朵浪花去看大海
像一阵风
蜜蜂产生蜂蜜献给自己
阳光是无穷的金子
来来去去
怎么都符合你的心意
一个孩子在荡秋千
一个孩子在阅读月亮

鸟　声

进入大静
鸟声是另一种静默
一直以为它们和我没关系
原来它们是真正的歌咏者
鸟声叽喳
需要真正的耳朵
用鸟声修道的人
每一天为生活感动

水挨着水

水挨着水

但不是邻居
静水也是不安静的
以水为邻
是人类的事情
水的智慧
那个叫李耳的人讲得很清楚
其实和水没有关系
但我看到水挨着水
它们听话得像小孩子

在水面

我不知道我为什么来这里
它应该是我结构的一部分
在水面
我看到天空
我看到飞翔的鸟翼
垂柳的长发
在水面摄像
那飘动的意象让我乐此不疲
我想我为什么来这里
水面的考题是
那个模拟你的倒影到底是不是你
我看了一眼水面中的那个家伙
直接告诉水面
你问的是假问题

乞力马扎罗的雪

这雪一下就是几十年
我想那雪是美的
但海明威写的是雪灾
主人公在回忆中觉醒
其实我想说的是南湖
还有让我愿意居住的小屋旁的溰河
更早的是天门县河
它是我童年的神秘伴侣
各种各样的河流和山脉
是我肉体的一面镜子
在与镜子的相遇中
我享受一种不折不扣的精神生活
致谢作家提到的
还有陪伴我生活的

晚　餐

餐馆里遇到一个像查海生的人
我仔细看了三遍
的确很像
还有一对父子
聚精会神吃着火锅
从头到尾他们没有说一句话
我想他们是默契的
语言已经多余
我们在同一家餐馆共度晚餐时光

我老是观察别人
其实在画面里
我和他们是一伙的
一张图片
将我们全部收录

冻成冰凌儿

让所有的人冻成冰凌儿
在屋檐下练倒立
一场集体健身
外面是冷瑟瑟的寒气
看到大家一本正经的样子
我忍不住想笑
依然冰凌一样晶莹剔透
心也是透明的
笑声是最佳艺术品
在冬天表演黑色幽默
这个冬天有点冷
成为冰凌以后
棉衣和暖气有些孤独

这是一只碗

碗的形状你是知道的
既装载

又可以成为艺术品

曾经的唇吻
抛弃了自己的主人
碗上的印痕
证明生活曾经来过

多少年后可能被从坟墓里挖出来
现在它提前碎了
它是一只碗
在土地上
成为路的一部分

零度生活

回到一种零度
回到花开花谢
时时接受时间的抚摸或检阅
这时候你是眼睛
是水的奔腾
静若止水
也是你的表情
生活的闪亮不需要任何解释
你正在过你想要的生活
语词如花
明眸善睐
你欣赏的你正在
随波逐流
词的贬义

被你轻轻抹去

今天树说了算

鸟声环绕在树的周围
它在树枝与树枝之间穿飞
今天树说了算
在夏天
树叶繁茂
树叶和天空近
树根和土地近
定义一棵树并不容易
即使连根拔起
你也不能说这就是你眼前的树
最好是隐遁于树中
由树说了算

椰　子

我喝了椰汁
它成为我身体的一部分
它的外壳
适合装扮成一顶流浪帽
或者收藏雨滴的碗
为了这一场饮的仪式
我奉献出了赞美和爱情

它说我是它的一部分
这一点我信
我继承了它的身体
我已经不能区分
它是椰子还是
我是椰子

这时候阳光泻下来

那个人去世的时候
旁边有一只鸡正在生蛋
这时候阳光泻下来
很多苦难在我活着的时候
需要我投入严肃的表情
我应该见多识广
我应该在多种场景应付自如
我成功地看着这个世界
这个世界也看着我
正在这个时候
阳光泻下来

听　诗

诗歌在静寂处的发声
是最神圣的存在
多少神圣

被一些朗诵和音乐扼杀
这个世界的绝活
还有一项没有丧失：
听
天地感应
语词在始源处
祷颂命名之福

地铁 8 号线

它正式跑步的那一天
我成为它的客户
好巧啊
进入武汉增添了一种方式
我更愿意打这样一副牌
四个湖：
野芷湖、马湖、水果湖、塔子湖
三座山：
马房山、小洪山、竹叶山
可以在梨园休憩
可以轻吻岳家嘴
从武昌到汉口
从汉口到武昌
过去短时间不可能的
今天成为可能
8 号线是一副纸牌
你可以在 26 个站点之间
气定神闲
谁的想象如此具体

让我像梦游一样
左顾右盼

盛 艳

诗学学者，诗人，译者，英语语言文学副教授。现任教于中南财经政法大学外国语学院，主要研究方向为现当代诗歌。

春日计数

四月的七岁半，从陡峭的一边攀缘
抓紧草茎，去山顶放王字风筝。
竹篾筋骨，蓝色的粗纸，新米熬制
糨糊的味道。青草，炮台，湛蓝，腾起
又落下的淡黄色翅膀，父亲说，放线要慢，
一边又调整斗线。我们忙于做纸糊
的面包圈，喂食头顶淡蓝的风。
远处的蝴蝶和龙是楔入深谷的钉子，
他们的线似乎永远放不完，他们的蝴蝶纷纷
去了那边的油菜地，龙纠斗着歇脚在树梢
春光无限好啊，只是近黄昏。
从缓坡下山，一群丢失风筝的伙伴跑过，
一个一个银铃做的圈儿，惊起一树树
闪电，腾跃到山谷那边去了
姐姐和我，捏着半卷缝纫机线，
小心地托举着我们的王。
它吃饱了废报纸糊的圈儿，
打了个饱嗝，挂在门后，接下来是
以灰尘颗粒计数的三个季节。
那时候的春天真多啊，数也数不完。

海

枕着江水，你梦到海
清冽冰冷早春的水
鸟鸣从林间落下

是滴答的雨水。如果日常的朔风
一再阻挠，用它迟钝的牙咬痛
我们的神经
就在梦里，夜晚与黎明的交错
像燕子般轻快地掠过
大片的红树林，泛着点点银光的
盐碱地，在荆棘丛中眺望
遥远的水杉林后是
巨大的海水。无限接近却
无法抵达。

剪花木

手持黑色花木剪
园丁剪裁春天
嫩芽已收梢，噪声
淹没远处的犬吠。深绿
或浅红的碎片镶嵌着
夏季日影斑驳的水泥地

迎春花枝条下飞过一只
金色的甲虫。

栅栏边架着木梯
紧握锯子，精准地
切割阳光

纺　车

斑马不再晃动，线上飘过仙女环髻，
支棱着乔其纱的裙裾。粉橘
点绛唇，簪花烛一支。老板娘另赠
非洲菊一丛。掉下的花瓣夹在
书的第 139 页——
《红拂夜奔》

翡翠灯笼，玉米灯笼，黑夜里母兽的眼睛
阔袍里探出指尖，大拇指彩绘晕染，
食指水晶雕花，努力施施然
提着灯，用银灰绒球的雪地靴
踩出一朵朵莲花。

又一个雪日，小女子们在照相馆
上演桃花扇。古代的制衣匠
忙着收集虫卵。惊讶于翟衣的柔软
他们给它取名叫——
雪纺
纺车在梨花树下落着薄灰

淌划子，卖菱角

——逛龙街兼听幺爷说古

龙街的位置以前是
新堤镇衙门口，一桥，
二桥，东岸与西岸。

罗家大门口的榆树，嫩绿的
榆钱儿，晃动苍蓝的夜空。

“淌划子，卖菱果”
湾里的女人划来淡紫的暮霭。
一角二分一木斗，菱果两头尖
她用手笼高斗口，造座巍巍耸立的
尖角宝塔。扯过一张荷叶，围成
裙边三角斗，刚盛好，夏夜就停下来了

姆妈砍菱果米给小伢
菱果米啊两头尖，划桨女人
水雾声声弥漫着夜色。月亮藏在云中
整晚的蛐蛐，癞蛤蟆，就一直叫个不停。

岸边的竹床一个连一个，姥妈点了
一根好长的蚊烟香，锯末混着绿色的
粉末，在一米多长的发黑的木头上，
玉烟静静，烧出漆黑的凹槽。

睡得汗淋淋的小伢，翻了个身，
对着土壶嘴喝口茶，靠着门口冰凉的石墩，
进入更深一层的梦境，野鸭鲩鱼
飞游过漫漫湖面，一盆一盆金色的
甲鱼蛋。藕簪的笔尖刺出湖面，岸边
的芦苇好似穿不尽的帷帐

帐外的小板凳上
新堤的建元坐着砍莲米，她要
砍满一个巴掌底大的小坛子
盛清在乌林的乡下，那时他还不会开车。
建环和传福分别离开了新堤镇和盛家湾，

在十码头上船。搬运工刘建国正在那儿
拉板车。爹爹在衙门口，冬天卖荸荠
小伢们捏着两分钱，他冻红了手，边削皮
边叹气：伢啊，荸荠冰冬天不好吃冰东西。

七中的上课铃敲响，翠绿的壳内
迸出雪白的莲米，建元放下小砍刀
抓起书包奔向学校，河边姆妈们
凿冰洗衣，伢们在衙门口前头和后头
穿巷嬉游，我的叔伯兄弟跑过罗家的大榆树
一阵风一吹，就纷纷长大。像小儿女嘟起嘴
吹散一个个蒲公英绒球

一条流动的霓虹明晃着树影
一河两岸，原先的老屋被龙街
蚕食。经过大同湖农场时
蓝色路标上醒目的大字：
距龙街 26 公里。

球　场

坐在记忆的球场
看你打球。Bug 三步上篮，你在球场抽烟
球、台阶、水泥操场都曾是真实的
烟雾构筑屏障，我没试图去看你的表情

想着它会浮现，叶露会凝结
白霜铺满初冬的黎明，翻开一本诗集
诗中的物体一个个升起，绒毛鸭、玩具熊们排着队

自动跳回玩具箱

容器的形状不由谁控制
我们的居所可能曾是蛋形，一枚透亮的卵
半夜的音乐曾打扰到对门的老教授，
他的妻子用微笑投诉，你们放的歌好听。

《十年》《龙卷风》《富士山下》，噢十年了
喻家山下我们的卧室和芳龄的隔着一道墙
点燃香烟，廊上的灯亮了

如果要去的地方足够远，我们就能回到很久前
“洪湖水浪打浪”从歌单的最顶头循环而出，
有一次父亲坐在后座，
我掐断了演唱者的高音

洪湖边的驾船人，在儿时的梦里摸菱角、
采莲蓬、在湖里打鱼、讨生活……
旋钮将湖面的雾气驱散了。
噢，那不是我。

池中的红鱼儿吐出一圈一圈的泡泡
喷泉每隔半分钟突然绽放，水雾弥漫，
池中小岛上的景观树中飞出一只鸟儿
它在八号楼上划了一个半圆。

一条巨大的、近似透明的
白鱼从深水处游来。

安德烈镜

三张安德烈镜
两张夹在皮皮鲁和鲁西西的审判里
一张在美赞臣的婴儿玩具里
主妇们不曾赞成过什么

我们赞成大棚里的茄子不如本地好
虽然它长得漂亮
走丝绸路来的番茄，去皮炒出红汁
比不上唐朝美人的笑靥
芬芳的秘密就在于皮

美人在骨不在皮
哦，那是暮年西施的调侃。

开始都只有一把骨头，
嫩的，轻的，脆的，
那孩子轻快地腾向
榕树梢的一抹细叶
跃进茫茫的夜色里

骨重随着年龄增长
挺着一身傲骨洗衣拖地
煮饭烹茶，偶尔也谈起杜甫
既然他可以饿着肚子写诗
那我们的生活就不只是将就

安德烈亚斯，安德烈德拉蒙德
安德烈纪德，它们都不是安德烈镜。
安德烈镜只在孩子的世界里

翻开画面模糊的图册，如果拥有这张
神奇的、椭圆形、塑料薄片，就会看到两只鸟
在褐色的巢穴里等大鸟归来。
哦，那年我们六七岁，我们看见
毛毛虫趴在苹果上，看见楼下的沙堆
毛驴，马，巨型的水泥石管子。爬上楼顶的水箱，
望进山顶的炮台，一个风筝黏在蓝天上。

我们看到七个三角形，八个菱形
对角线垂直平分，焦点上的螺旋梯
变成一个大塔吊，吊起来一粒又一粒
被浸泡得盐津津的日子。

浣衣歌

气泡里有流水的响声
月亮的弧度随着搓衣的角度变化
一盏茉莉熨烫出的清洁
挂在久雨后的晾衣绳

摇落雨珠
阳光从乌云的角落划着船儿来
人们议论天空越多
云就越清晰

粉笔在隐蔽的过道画下圈
余烬没有飞出蝴蝶的翅膀
书中的虚构

误入现实的院落

月亮的门从中心
合拢。走进半掩的门
拿着船票，渡河

河中漂着甲骨文、
金文、小篆、隶书、
楷书、行书……骰子般
从书页间滑落
从一本黑色的纪念册

酒杯举起三次
微醺的墨滴在宋朝人的宣纸上
一轮满月晃晃荡荡升起

立夏与小满

太阳到达黄经 45°
福州到南岭一线的人们穿上裙子
北方的春季姗姗来临

花期结束前，剧情到达高潮
仲春、暮春、晚春，着云裳踏云瓣
黄紫、芳菲、春山、桃红牵着手儿
去上学。立夏当老师
小满当师娘，生活好似过家家

每一张数学试卷的缝隙中是

填补的、铺开的、虚构的日常

“立夏去超市帮妈妈买菜
小满家有固定电话，分段收费
小满和立夏一起购买文具
立夏和小满一起参加组合赛
去掉一个最高分，去掉一个最低分”

日常大多像一杯咖啡
纯手工打磨，味道微苦，
说不出什么优点
把它隐匿在文字和数据里

把名字镶嵌在数学题里
把生日镶嵌在答案里
用每一个重要的数字刻画
正三角形的高、圆的半径，
正方体的边长，

如此
决定图形的维度仅与你有关

庚子年的四月十三和廿八
立夏已至，麦穗灌浆未满

有芒的麦子快收
有芒的稻子可种
有芒之前是小满
小满之前是立夏

奔走延时

狗奔向丁字路口，
转弯，斑马线上没有长条纹
的动物漫步。雨季揭开森林迷雾
中的入口。试图用一杆竹
驱散湿气，混浊的瘴气，这时远处
呼啦啦闪过鸟的尾翼。八月上旬，
曾坐在翼边，回程的云朵成团滚过
经历一次颠簸，水汽中摸出一罐
薯片，咬一尾金色的月亮。若是夜航，
翅膀是闪蓝光的。初夏，去游泳馆的途中
一大片野花，你为我捕一只蓝闪蝶
后来松手，那些蓝就从天空流入，
蓝莹莹的记忆之杯。奔向未知的路口，
轮椅中的婴儿，肩头的小女儿嫩手摩挲
卷发，骑单车的男士，后座长发的格子女郎，
后视镜中升起又缓慢落下的秋日的
轮廓线，那些淡红的翠鸟的翅膀
描刻黄昏。青铜，白杨晃过眼前，想起一滴
汗水的味道。远处的三环线是黄鹤腾起
划出的第三枚银环。途中一些大大小小
五颜六色的氢气球，经过逼仄的人行道
没有孩子的音讯。假日一到，他们戴上朝九
晚五的面具。在便利店聚会的年轻人，
提前进入正午。药粉的化学反应，产物是
氢气，升腾的感受是种副作用。
湖依然在那里。湖依然在高处。
混浊的江的源头依然在深邃的峡谷之间
我们曾到过哪儿，这一秒是前一秒的延时

裹 挟

踩着滑冰鞋的女人
趔趄着溜过斑马线
两只卷毛狗从她的胳臂下
探出头。立在路边红领巾的主人
耸着两条忧愁的眉毛
骑电动车的举着一张扑了粉的
扑克牌，模糊了边缘的下颌线
板车出现在右转道，喇叭
耷拉着，硬纸壳上写着
“废物回收”。途中都是
看不清面孔的人，霞光吞噬
露珠，梧桐叶的种子雄赳赳
向五官挺进。眼睛发痒，
震耳欲聋的喷嚏聚拢乌云
口罩相互媲美：黑色，棕色，
暗咖啡格，白色的一群，
举着温度计用豆豆鞋丈量
走廊。蹬高跟鞋的女人
生活在美拍，晚八点黄金剧场，
和相亲的咖啡馆。交通灯
停滞。如果可以选择
不如堵在下坡路的顶端，一边
从香膏盒里剜出一小坨痛楚的
芬芳。远处的刹车灯汇聚成
浅水中的龙，蜿蜒，不安，
缓慢。这是无从选择的时刻，
“裹挟”一词从词典中逸出
擒住我们敲打方向盘的拇指。

语　气

欧内斯特・米勒尔・海明威
是个钻研语气的小说家
比婚恋博主更了解家庭生活

词语的本义
长出枝叶葳蕤的语气
含糊不清地吐出另一个意思
成了一棵没道理可讲的树

一棵树的少年
它的枝干在阴云的天空
交织穹窿，俯向围墙的那一边

母亲坐在校门口的旗杆下
红色雨披，安全帽，电摩托
停在雨中。五分钟前曾捏紧手刹，
着陆于井盖闪亮的金属包边旁。

给她打印租房证明的公务员
读过卡夫卡。他拉起一条紧绷于
地面的绳索。

红灯又亮了，挡风玻璃
摇摆下两行蓝色的泪珠
刷出一张张白净的脸

噢，这满街的 office lady
噢，满大街都是 rock n'roll

"砰"的一声，扣上引擎盖
人们用不同方式
扮演一幕哑剧

好像我们离开武汉的那一天

当暮色开始摇落
我们驶进麦子的平原
汽车里是反复吟唱的老歌
孩子有点忧郁
父亲紧握方向盘
好像我们离开武汉的那一天

跳皮筋、跳房子、美妆博主及其他

院子里的树
不多，也不少。
一棵是枣树，另一棵也是枣树
勾、踮、跳，迅哥儿一个人
跳猴皮筋
刚刚好

【良辰美景奈何天，赏心乐事谁家院，
只为你如花美眷，似水流年……你在幽闺自怜……】

唱戏的龄官画格子

方格、半圆、三角形
香菱去潇湘馆找黛玉
跳房子。“凤尾森森，龙吟细细，
一片翠竹环绕” 女孩儿们无聊时
从陶潜跳到李义山
也好，也好，跳得寒鸦飞起
妙哉，妙哉，跳碎斑驳竹影湘妃泪

【Instagram、抖音、Snapchat、哔哩哔哩……十几二十岁的女孩，都有完美无瑕的肌肤，颧骨轮廓，眉毛平滑……完美的烟熏妆——欢迎来到“自拍一代”】

“宝玉，搁现如今，那还不得是
刷爆 IP 的男主角、美妆博主、
熏香师、色彩调配师、书法协会顾问、特级美发师
庙里的和尚，双手合十间
的一段风流”

贾宝玉，齐眉勒着二龙抢珠金抹额
男明星头戴束发带，雪白的衬衣露锁骨
一排耳钉闪闪那是真钻

【宝钗一面说，一面解了排扣，从里面大红袄上将那珠宝晶莹黄金灿烂的璎珞掏将出来。】

单亲母亲薛宝钗，
当了金项圈，又当红麝串，
有一年，她漆黑油光的纂儿
着葱黄绫棉裙，
两只蝴蝶扑进扇子里
再没出来

(鄂)新登字 08 号

图书在版编目(CIP)数据

山湖集. 2021 年卷 / 王键, 阿毛主编. — 武汉 : 武汉出版社, 2022.6
ISBN 978-7-5582-5306-5

Ⅰ. ①山… Ⅱ. ①王… ②阿… Ⅲ. ①诗集 - 中国 - 当代 Ⅳ. ① I227

中国版本图书馆 CIP 数据核字(2022)第 078744 号

主　　编：王　键　阿　毛
责任编辑：赵　可
助理编辑：王　玥
封面设计：刘　蕾
出　　版：武汉出版社
社　　址：武汉市江岸区兴业路 136 号　　邮　　编：430014
电　　话：(027)85606403　　85600625
http://www.whcbs.com　　E-mail: whcbszbs@163.com
印　　刷：湖北恒泰印务有限公司　　经　　销：新华书店
开　　本：787 mm×1092 mm　　1/16
印　　张：20.75　　字　　数：274 千字
版　　次：2022 年 6 月第 1 版　　2022 年 6 月第 1 次印刷
定　　价：73.00 元

关注阅读武汉
共享武汉阅读